国际政治科学
QUARTERLY JOURNAL OF INTERNATIONAL POLITICS

目录
CONTENTS

外国干涉族群冲突的研究综述

杨　迪　漆海霞◎

【内容提要】　一个国家干涉别国内部的族群冲突，往往会诱发国际冲突或者战争。问题在于，一国为什么会干涉别国的族群冲突？学者们对这个问题进行了较多的研究。一些学者指出，一些国家自身的分离主义威胁会抑制其干涉别国的族群冲突，但这种观点遭到其他学者的反驳。也有学者从相关国家的安全、实力的角度来分析其进行干涉的原因，然而这些研究都存在各自的不足，并且没有体现出有关族群本身的特性。还有一些研究则从族群认同、族群构成等因素考察了身份、认同等特性，同时还涉及对干涉的决策过程的分析。笔者将对以上研究做详尽的综述，以期能够较全面地解释在族群冲突上不同国家干涉行为的差异。

【关键词】　族群冲突　族群认同　族群构成　干涉

【作者简介】　杨　迪　清华大学社会科学学院国际关系学系2013级硕士研究生。

电子信箱：ubvtgj@163.com。

漆海霞　清华大学当代国际关系研究院副教授。

电子信箱：oceanqi@126.com。

一　引言

2013年11月下旬以来，乌克兰局势持续动荡。2014年2月22日，乌克兰政局在一日之间上演了惊天大逆转，亚努科维奇被

《国际政治科学》2015年第2期（总第42期），第1—30页。
Quarterly Journal of International Politics

解除总统职务，反对派全面接管政权。最初民众只是抗议政府暂停与欧盟签署联系国协定，到如今则演变为全面的政治与社会危机。有人认为，乌克兰当前的动荡局势是“国内民族矛盾激化的必然结果”。[①] 在乌克兰总人口中，乌克兰族约占77%，俄罗斯族约占20%。[②] 乌克兰族主要分布在乌克兰的西部，而俄罗斯族主要聚居在乌克兰的东部。长期以来，乌克兰西部地区和东部地区在语言、宗教上的差异导致了不同族群之间的隔阂，加之历史上一些事件的影响，在部分乌克兰族人和俄罗斯族人中间存在着对立的情绪。乌克兰独立后，西部的乌克兰族人希望加强与欧美国家的关系，而东部的俄罗斯族人则希望维持同俄罗斯的传统关系。可以说，族群问题是乌克兰政治动乱和社会割裂的一个重要根源，同时也是俄罗斯与乌克兰矛盾爆发的导火索。

在乌克兰中央政权“变脸”之后，局势的焦点转向了乌克兰南部的克里米亚。克里米亚曾经是俄罗斯的一部分，1954 年，为了纪念乌克兰与俄罗斯合并 300 周年，苏联最高苏维埃主席团决定将克里米亚划归乌克兰。苏联解体后，克里米亚曾于 1992 年宣布独立，后来在俄罗斯的调解下成为乌克兰的一个自治共和国。克里米亚半数以上的人口是俄罗斯族人。

2014 年 3 月 1 日，俄罗斯联邦委员会授予总统普京在乌克兰领土动用俄军事力量的权力。普京在致联邦委员会的建议信中说：“鉴于乌克兰局势异常，危及俄公民、同胞及根据国际条约驻扎在乌克兰领土（克里米亚自治共和国）的俄军官兵的生命安全，根据俄联邦宪法第 102 条，谨向俄联邦委员会提议在乌克兰领土动用俄联邦武装力量，直至该国社会及政治形势恢复正常。”[③] 3 月 18 日，普京同克里米亚及塞瓦斯托波尔代

① 张仕荣：《复杂的乌克兰局势及未来走势》，《学习时报》2014 年 3 月 10 日，第 2 版。

② 《乌克兰国家概况》，中华人民共和国外交部网站，http：//www. fmprc. gov. cn/mfa_ chn/gjhdq_ 603914/gj_ 603916/oz_ 606480/1206_ 607496/。

③ 《俄议会通过对乌出兵提议　俄民众多半不赞成动武》，中国网，http：//www. china. com. cn/military/2014 - 03/02/content_ 31644747. htm；6 月 25 日，俄联邦委员会审议通过了普京有关“撤销对乌克兰领土使用武力决议”的提议，参见《俄正式撤销对乌动武决议　敦促推进宪政改革》，中国新闻网，http：//www. chinanews. com/gj/2014/06 - 26/6320780. shtml。

表签署条约，规定自当日起，克里米亚共和国和塞瓦斯托波尔直辖市加入俄罗斯联邦。[①] 3月31日，俄罗斯外长拉夫罗夫在同美国国务卿克里的会谈中表示："莫斯科认为，法西斯分子已经掌握了乌克兰的权力，危及到了俄罗斯族裔代言人的安全。莫斯科会保护乌克兰境内俄罗斯族裔和他们的代言人的权益。"[②] 进入4月以来，乌克兰东部一些城市的政府大楼被亲俄人士占领。4月13日，乌克兰代理总统图尔奇诺夫在电视讲话中对国民说："俄对乌发动的战争已然打响，鲜血已在流。"[③]

乌克兰危机及俄罗斯的行为在历史上也有一些相似事件。地中海岛国塞浦路斯自独立起就面临着族群对立。1963年底，希腊族和土耳其族因为制宪问题而发生严重流血冲突。冲突中，希腊和土耳其两国分别支持岛上的希腊族和土耳其族。1974年7月，塞浦路斯发生政变，土耳其以保护岛上的土耳其族人为由出兵塞浦路斯。在东欧，1992年12月，摩尔多瓦的俄罗斯族人与摩尔多瓦政府发生武装冲突，俄罗斯驻摩尔多瓦第14集团军以保护俄罗斯族人为由介入了这场冲突。这些事件的相同点在于，一个国家为了支持或者保护自己的国外同族，而有可能干涉别国的族群冲突。

然而，在相似的情况下，并不是所有的国家都会出兵干涉别国的族群冲突。1963年，印度尼西亚爆发了迫害华人华侨的事件，中国政府态度低调，没有强力干涉。[④] 又如，当科索沃的阿族与塞族发生激烈冲突时，阿尔巴尼亚也没有动用军事力量帮助科索沃阿族。同样面对陷入冲突或者被侵害的国外同族，为什么一些国家采取了干涉行动，而另一些国家则没

① 张晓东等：《克里米亚塞瓦斯托波尔加入俄联邦》，《人民日报》2014年3月19日，第21版。

② 《美俄外长会谈4小时未就乌克兰问题达成任何协议》，中国新闻网，http://www.chinanews.com/gj/2014/03-31/6009462.shtml。

③ 《乌代总统：乌启动全面反恐　俄对乌战争已打响》，新华网，http://news.xinhuanet.com/world/2014-04/14/c_126386096.htm。

④ 参见李一平《从外交部解密档案看1963年的印尼排华事件》，《国际安全研究》编辑部编《"全球冲突与人的安全"研讨会论文集》，北京，2013年12月，第193—204页。

有？为了回答这个问题，本文将回顾并梳理学者们的既有研究。①

本文首先对一些概念进行解释说明，以便读者对其有一个较为清醒的认识，然后进入文献综述部分，笔者将依次评述相关国家的分离主义威胁、安全、实力、共同的族群身份、族群认同以及族群构成等因素对其干涉别国族群冲突的影响。在梳理既有研究脉络的同时，本文也会指出这些研究的一些不足之处。最后一部分是对全文的总结及笔者提出的一点设想。

二　本文涉及的主要概念

（一）族群

“族群”（Ethnic Group）指称一种社会群体，“既可以指具有由共同的语言、地域以及心理素质等物质的人所构成的文化、民族群体；也可以指由独具某些特点（诸如国别的、次文化的、宗教的、种族的）而有共同来源、共同历史的人构成的群体”。② 拉贾特·甘古力（Rajat Ganguly）对族群的定义与此相近。他认为，族群是“具有共同的文化（包括语言、音乐、食物、服饰、习俗）、相似的人种特征、共同的宗教信仰、共同的历史的一群人，并且他们在心理上强烈地归属于这一群体”。③

与“族群”相近的一个概念是“民族”（nation）。国内对“民族”的一种解释是：“人们在历史上形成的具有共同语言、共同地域、共同经济生活及表现于共同文化特点上的共同心理素质的稳定的共同体。”④

① 需要说明的是，本文将一个国家内部的族群冲突作为一个既定的现象，并不探讨族群冲突是如何产生的。本文关注的是：在出现了国内族群冲突的情况下，是什么因素导致了别国的干涉行为。另外，本文探讨的干涉限定为存在族群联系时的干涉。也就是说，一个国家发生了族群冲突，并且冲突中的一方与干涉国（或者潜在的干涉国）是同一个族群。

② 陈国强主编《简明文化人类学词典》，杭州，浙江人民出版社，1990，第 454 页。

③ Rajat Ganguly, *Kin State Intervention in Ethnic Conflicts: Lessons from South Asia* (New Delhi: Sage Publications India Pvt Ltd, 1998), pp. 11 – 12.

④ Rajat Ganguly, *Kin State Intervention in Ethnic Conflicts: Lessons from South Asia* (New Delhi: Sage Publications India Pvt Ltd, 1998), pp. 155 – 156.

对“族群”与“民族”这两个概念的辨析是中国民族学研究的一个重要话题。本文的重点不在于探究这两个概念哪个更准确。鉴于汉语中“民族”不止一个含义，本文选取了“族群”这一概念来指称所要研究的社会群体。在没有另外说明的情况下，本文提到的“族群”均指通常意义上的诸如汉民族、藏民族这样的“民族”。

（二）支配族群与少数族群

本文对“支配族群”的定义为：在一个国家中掌握了政权的族群。例如俄罗斯的支配族群是俄罗斯族，塞尔维亚的支配族群是塞尔维亚族，土耳其的支配族群是土耳其族。大多数情况下，一个国家的支配族群同时也是该国人口最多的族群。当然也存在人口较少的族群统治整个国家的例子，如种族隔离时期的南非白人。某些国家的政权由若干个族群共享，在这种情况下，权力份额最大的族群是支配族群。

与“支配族群”相对应的是“少数族群”。顾名思义，少数族群是在一国总人口中所占比例较小的族群。在国家权力的分配中，少数族群往往占有较小的份额，甚至被排除在国家政权之外。更有甚者，一些少数族群在国内还受到经济和文化上的歧视。

（三）族群冲突

本文所说的族群冲突，特指一个国家内部不同族群之间的冲突。通常情况下，冲突的一方是掌握国家政权的族群，即支配族群，另一方则是该国的少数族群。约瑟夫（Joseph S. Joseph）对“国内族群冲突”的界定为：一个国家内，两个或者更多族群追求不相容的或者互斥的政治目标的状态。[①] 斯蒂芬·伯格（Steven L. Burg）和保罗·舒普（Paul S. Shoup）指出，族群冲突的本质是动员起来的认同群体（Mobilized Identity Groups）

---

① Joseph S. Joseph, *Cyprus: Ethnic Conflict and International Politics* (New York: St. Martin's Press, Inc. 1997), p. 6.

之间为了获取更大的权力的斗争。所谓“更大的权力”，可能是在既有的国家内实现平等，也可能是建立一个完全独立的民族国家。[①] 艾达·惠布勒格茨（Ada Huibregtse）列举了一些最强烈的族群冲突的表现形式，包括分离主义（Secessionist）或者民族统一主义运动（Irredentist Movements）、种族清洗（Ethnic Cleansing）、种族灭绝（Ethnic Genocide）。[②] 其他学者并没有专门给族群冲突下一个定义，但是从他们的理论以及选取的案例中不难看出，族群冲突往往是带有暴力性质的，既可以是一方对另一方的人身、物质伤害，也可以是双方武力的对抗，甚至是族群间的内战。

（四）族群认同

“族群认同”这一概念并不鲜见，但是笔者在使用这一概念时赋予了其特定的内涵。本文所说的“族群认同”，是指一个人对自己所属族群的认知和情感依附。在本文的研究中，族群认同特指一种跨越国界的认同，即一个国家的某一族群对另一国家相同族群的认同。例如俄罗斯的俄罗斯族人对乌克兰的俄罗斯族人的认同，土耳其的土耳其族人对塞浦路斯的土耳其族人的认同。

詹姆斯·费伦（James D. Fearon）和戴维·莱廷（David D. Laitin）也使用了 Ethnic identity（直译过来即“族群认同”）这一概念，但是他们所说的“族群认同”与笔者所说的“族群认同”有较大的区别。他们认为，“族群认同”有两层含义，一是用来判断一个人是否属于某一群体的规则，二是该群体的成员在宗教、语言、风俗习惯等方面的特征。[③]

本文的重点不在于探究“族群认同”到底指的是什么，也不在于辨析把 Ethnic Identity 翻译为“族群认同”是否合理。出于行文便利的目

① Steven L. Burg and Paul S. Shoup, *The War in Bosnia-Herzegovina: Ethnic Conflict and International Intervention* (Armonk, New York: M. E. Sharpe, Inc. 1999), p. 4.

② Ada Huibregtse, "Interstate Conflict and Ethnicity," *Civil Wars*, Vol. 13, No. 1, 2011, p. 40.

③ James D. Fearonand and David D. Laitin, "Violence and the Social Construction of Ethnic Identity," *International Organization*, Vol. 54, No. 4, 2000, p. 848.

的，本文所说的“族群认同”取汉语的表面意思，即一个人对生活在其他国家的同族的认可、亲近、关注。

（五）族群构成

“族群构成”（Ethnic composition）即一个国家的族群结构。艾达·惠布勒格茨（Ada Huibregtse）研究了族群构成对干涉的影响，但是并没有给族群构成下一个明确的定义。不过从其研究中可以看出，“族群构成”包含了两方面的因素，一是一个国家中的族群数量，二是每一个族群的人口占该国总人口的比例。①

（六）干涉

“干涉”同样是一个容易引发争议的概念。小约瑟夫·奈认为，最宽泛的干涉定义是“影响另外一个主权国家内部事务的外部行为”。② 按照这个定义，旨在影响另外一个国家内政的讲话也算是干涉，只不过这种低强制性的干涉往往起不到实质作用。而强制性最高的干涉则是军事入侵。罗伯特·纳尔班多夫（Robert Nalbandov）给干涉下了一个较为明确的定义。“干涉”是利用军事或者经济手段介入别国国内事务，目的在于改变该国内部各方的实力对比。③ 相较于经济干涉，军事干涉的激烈程度通常而言更高。军事干涉往往伴随着武力的较量，还可能升级为国际战争，因而牵动着国际社会的神经。本文所说的干涉特指军事干涉。

三　分离主义的威胁

学者们基于对非洲国家之间冲突的研究发现，如果某个国家自身面临

① Ada Huibregtse, “Interstate Conflict and Ethnicity,” *Civil Wars*, Vol. 13, No. 1, 2011.

② 小约瑟夫·奈、戴维·韦尔奇：《理解全球冲突与合作：理论与历史》，张小明译，上海人民出版社，2012，第240页。

③ Robert Nalbandov, *Foreign Interventions in Ethnic Conflicts* (Farnham: Ashgate Publishing Limited, 2009), p. 26.

分离主义的威胁，那么这个国家就不会干涉别国的族群冲突。也就是说，国家自身的弱点限制了它的对外行动。

（一）分离主义威胁抑制干涉

萨蒂娅·托威尔（Saadia Touval）强调，正是由于非洲国家大都面临分离主义的威胁，所以它们不会支持别国境内的分离主义势力。在非洲，同一族群跨国分布的现象很多，因此大多数国家都意识到相互尊重边界、克制民族统一主义思想对彼此都有利。① 托威尔特别指出索马里是一个突出的反面例证。由于索马里族群构成较为单一，相对而言没有太大的分离主义风险，所以索马里会以民族统一的名义干涉别国内部冲突。②

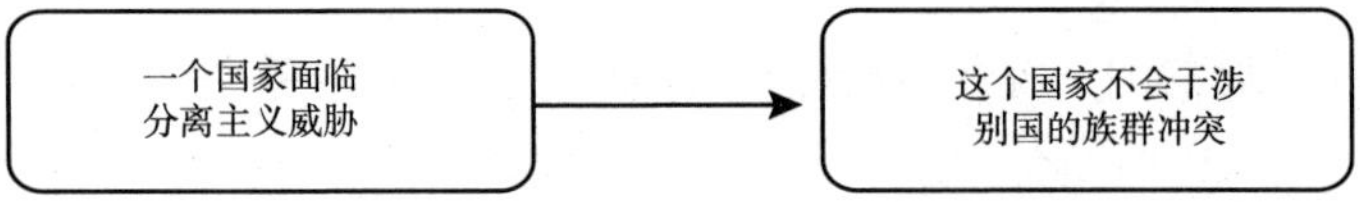

图 1　萨蒂娅·托威尔的逻辑

罗伯特·杰克逊（Robert Jackson）和卡尔·罗斯伯格（Carl Rosberg）认为，国际社会的共同规范有利于非洲国家的生存。非洲国家基本上都面临着分离主义的威胁，对不同国家的决策者而言，这意味着类似的不安全感。也正因为如此，不同国家的决策者在维持国际规范上有着共同的利益。为了生存，每一个非洲国家都需要别国承认和尊重其主权，同理，每一个非洲国家都会承认和尊重别国的主权。尊重主权的愿望要求一个国家不支持另一个国家的分离主义势力，因此，当分离主义运动在一个国家引发族群冲突时，别的国家不会进行干涉。③

---

① Saadia Touval, *The Boundary Politics of Independent Africa* (Cambridge, Mass.: Harvard University Press, 1972), p. 33.

② 埃塞俄比亚欧加登地区的主要居民为索马里族人。西亚德·巴雷就任索马里总统后鼓吹“所有索马里人生活在一个家园中”。他单方面宣布居住在欧加登、吉布提乃至肯尼亚北部地区的索马里族人都是索马里公民。1977—1978 年，索马里和埃塞俄比亚在欧加登地区交战，即欧加登战争。

③ Robert Jackson and Carl Rosberg, “Why Africa's Weak States Persist: The Empirical and the Juridical in Statehood,” *World Politics*, Vol. 35, No. 1, 1982, p. 18.

类似的还有杰弗里·赫布斯特（Jeffrey Herbst）的研究。他认为，非洲各国需要采取集体行动来保证边界的稳定。[①] 虽然国家决策者面临各种威胁，但是对分离主义的忧虑压倒了其他议题。在各国决策者之间存在着一种普遍认识，即维持现状对每一个国家都是有利的。因此，非洲国家彼此不干涉对方的分离主义冲突，以换取自身的稳定。

后来的学者将这一理论推广到非洲以外的地区。拉德米拉·纳卡拉达（Radmila Nakarada）用“潘多拉的魔盒”来形容南联邦解体对整个欧洲的影响。[②] 她认为，如果以民族自决的名义损害南联邦的领土完整，那么继之而起的分离主义运动就会对外部世界产生“多米诺骨牌效应”。南斯拉夫的先例会激发起巴斯克、科西嘉、撒丁、北爱尔兰、南提洛尔等其他少数族群谋求独立的欲望。最危险的事情莫过于一旦有了一个先例，那么没有哪一个欧洲国家的边界能够摆脱被重新审视的命运。

（二）对分离主义解释的质疑

一个面临分离主义威胁的国家不会干涉别国的族群冲突，这种观点虽然符合人们的通常思维，但是也遇到了不少挑战。首先，萨蒂娅·托威尔对索马里的判断受到了质疑。戴维·莱廷和塞得·萨玛特（Said S. Samatar）对索马里历史的考察表明，自从20世纪60年代独立起，分离主义和族群冲突就一直在索马里流行。[③] 而且在90年代初期，索马里境内部落冲突的抬头以及北部“索马里兰”的分离，也证明索马里同样在族群问题上陷入了困境。在自身经历族群冲突的同时，索马里仍然打着民族统一主义的旗号与埃塞俄比亚发生了战争，这显然是托威尔的理论无法解释的。

---

① Jeffrey Herbst, “The Creation and Maintenance of National Boundaries in Africa,” *International Organization*, Vol. 43, No. 4, 1989, p. 690.

② See Radmila Nakarada, “The Mystery of Nationalism: The Paramount Case of Yugoslavia,” *Millennium*, Vol. 20, No. 3, 1991, pp. 369 – 382.

③ See David D. Laitin and Said S. Samatar, *Somalia: Nation in Search of a State* (Boulder, Colo.: Westview Press, 1987).

其次，针对罗伯特·杰克逊和卡尔·罗斯伯格认为国际规范能够抑制干涉的观点，亚历克西斯·赫拉克利德（Alexis Heraclides）对刚果的加丹加、尼日利亚的比夫拉、南苏丹、孟加拉国、伊拉克的库尔德斯坦、厄立特里亚和菲律宾的摩洛地区进行了案例分析。结果表明，国际规范的约束作用是有限度的。一方面，现实世界中确实存在着违背国际规范的干涉行动；另一方面，大部分干涉的作用并不明显，干涉方也不一定支持少数族群寻求独立。①

再次，南联邦在战火中解体的事实显然是对拉德米拉·纳卡拉达的强有力反驳。在南联邦解体的过程中，其他欧洲国家并没有坚定地站在南联邦政府一边，以德国为首的欧共体承认了斯洛文尼亚、克罗地亚以及波黑的独立。如果按照纳卡拉达的观点，其他欧洲国家如果要避免重蹈南斯拉夫的覆辙，就不应该做出有损南联邦领土完整的举动。另一方面，纳卡拉达所预言的“多米诺骨牌效应”也未凸显，虽然在许多欧洲国家内部都存在着少数族群的独立诉求，但是像南联邦这样动荡的局势至今没有再次上演。

斯蒂芬·塞德曼（Stephen M. Saideman）同样质疑了“分离主义威胁论”的效力。经验事实表明，一些自身面临族群冲突或者分离主义运动的国家，同样也会支持别国境内的分离主义势力，一个典型的例子就是波黑内战。面临科索沃独立诉求的塞尔维亚支持了波黑境内的塞族，正与国内塞族分裂分子作战的克罗地亚也支持了波黑的克族。因此，塞德曼认为，国家自身的弱点只能解释一部分原因，因为不同的领导人面对同样的弱点可能会有不同的利益考量。仅凭国家自身的弱点，无法充分说明领导人是如何在干涉与不干涉之间进行选择的。领导人可能选择接受事实而不进行干涉，也可能选择进行干涉以借此统一其濒于分裂的祖国。不同的选择取决于他们面临的内部冲突以及他们的政治利益。②

---

① Alexis Heraclides, “Secessionist Minorities and External Involvement,” *International Organization*, Vol. 44, No. 3, 1990, pp. 376 - 377.

② Stephen M. Saideman, “Explaining the International Relations of Secessionist Conflicts: Vulnerability versus Ethnic Ties,” *International Organization*, Vol. 51, No. 4, 1997, p. 724.

可见，分离主义威胁并不是不干涉的充分条件。乍看之下，“分离主义威胁论”颇具说服力，然而一些经验事实已经反驳了它。因此，笔者认为，分离主义威胁并不是影响干涉（或者不干涉）的决定性因素。而且，“分离主义威胁论”还无法解释那些不存在此类威胁的国家的行为。

四　安全因素对干涉的影响

一个国家从自身利益出发，为了规避损失，可能会采取两种相反的策略。第一种策略是不干涉别国的族群冲突，以避免别国对自己进行干涉，这正是前文提到的分离主义威胁对干涉的抑制作用。第二种策略则是干涉别国的族群冲突，以减轻自身面临的安全压力。

（一）为了减轻强国的威胁而干涉

小罗伯特·海格（Robert P. Hager Jr.）和戴维·莱克（David A. Lake）指出，一个国家为了减轻强国对自己的威胁、提升自身的安全水平，可以从强国内部入手来削弱强国的实力。[①] 斯蒂芬·塞德曼借鉴了这一思想，做出了进一步的推论。当强国的政府同国内某一族群作战时，它能够用来威胁其他国家的资源就会减少。如果其他国家帮助该族群从强国分离出来，那么就能够从领土、人口、经济资源等方面削弱强国的实力。这反过来会减轻其他国家面临的威胁，提升它们的安全水平。因此，这些国家就会倾向于干涉强国的内部冲突，支持与强国政府作战的族群。[②]

统计分析并没有验证塞德曼的假设。他对此的解释是：干涉强国的内

① Robert P. Hager Jr. and DavidA. Lake, “Balancing Empires: Competitive Decolonization in International Politics,” *Security Studies*, Vol. 9, No. 3, 2000, p. 112.

② Stephen M. Saideman, “Discrimination in International Relations: Analyzing External Support for Ethnic Groups,” *Journal of Peace Research*, Vol. 39, No. 1, 2002, p. 31.

部冲突可能招致强国的报复，这抑制了其他国家的干涉行动。不过，即使外部威胁能够有效解释一国何以干涉别国的族群冲突，其适用范围也是有限的。按照塞德曼的假设，干涉的对象是实力强大的国家，但是现实世界中的干涉，针对的可能是一个实力并不强的国家。

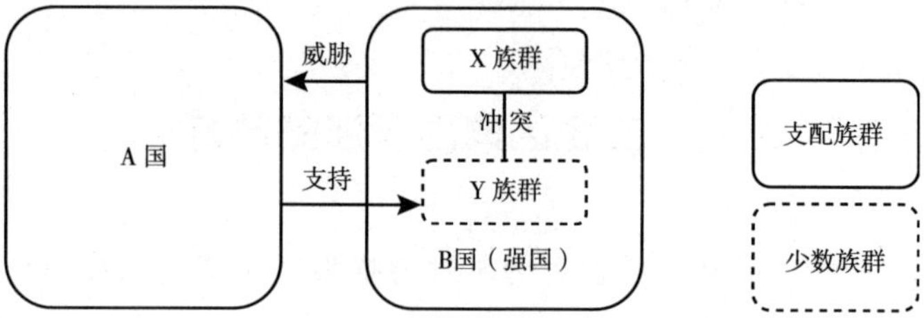

图 2　塞德曼的逻辑

（二）为了抑制国内的分离主义而干涉

在塞德曼的假设中，干涉国与被干涉国之间并不一定存在着族群联系。马丁·奥斯特沃·诺姆（Martin Austvoll Nome）则考察了当族群联系存在时干涉国的选择。另外，诺姆没有将被干涉国家限定为强国。事实上，威胁并不一定来自实力强大的国家，威胁的来源取决于族群联系的具体形式。

诺姆认为，少数族群在国内政治中处在一个暧昧的位置，通常要求政府承认它们的族群独特性并赋予它们一定的文化或政治权利。如果 A 国的一个少数族群在 B 国的同族处于掌握政权的支配地位，A 国政府就会感受到民族统一主义的威胁。作为一项反制手段，当 B 国政府与国内其他少数族群发生冲突时，A 国政府就可能干涉 B 国的冲突，并且支持与 B 国政府对立的少数族群。

如果 A 国的一个少数族群在 B 国的同族同样处于少数地位，并且 B 国政府正与该族群发生冲突，那么，出于对本国境内少数族群分离主义的担忧，A 国政府也可能干涉 B 国的内部冲突。与前一种情况不同的是，A 国政府这时将站在 B 国政府一边。就像苏赫克（A. Suhrke）和诺布尔

(L. G. Noble) 所说的那样：在少数族群寻求独立的问题上有着共同安全关切的国家可能会合作。[1] 总之，根据诺姆的理论，A 国如果介入 B 国的冲突，将支持本国少数族群在 B 国的同族的对手。[2]

诺姆的研究与“分离主义威胁论”形成了鲜明的对比。按照后者的观点，分离主义威胁会抑制一个国家干涉别国的族群冲突。然而在诺姆看来，正是对分离主义的担忧促成了干涉行动。但是，诺姆的逻辑值得仔细推敲。在他看来，干涉国介入别国的族群冲突是对民族统一主义或者分离主义的先发制人之举。然而可能干涉国担心的情况在它干涉之前并没有出现，反倒是干涉行动激化了干涉国内部的族群对立关系。换言之，干涉国对别国冲突的干涉，可能会反过来引发本国的族群冲突，这对于干涉国来说得不偿失。

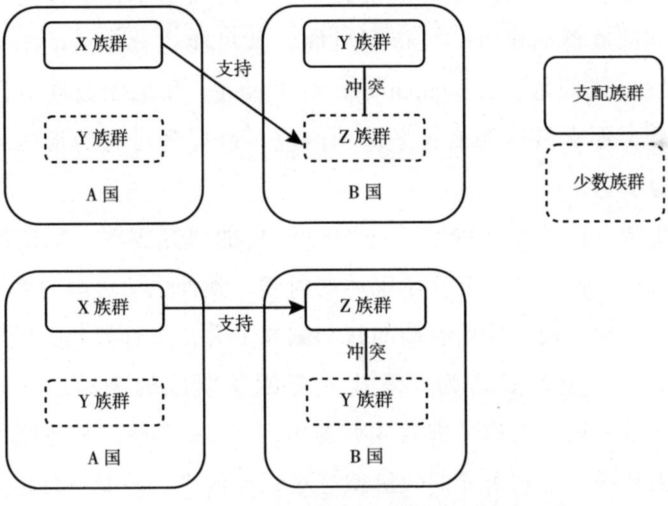

图 3　马丁 · 奥斯特沃 · 诺姆的逻辑

---

① A. Suhrke and L. G. Noble, eds., *Ethnic Conflict in International Relations* (New York: Praeger, 1977), p. 11.

② Martin Austvoll Nome, "Transnational Ethnic Ties and Military Intervention: Taking Sides in Civil Conflicts in Europe, Asia and North Africa, 1944 - 1999," *European Journal of International Relations*, Vol. 19, No. 4, 2013, pp. 753 - 754.

五　实力因素对干涉的影响

前面提到的分离主义威胁和安全两个因素，只考察了干涉国的自身利益，而忽视了其他方面。事实上，干涉国在做出干涉决策之前，还会考虑干涉的预期结果，而结果是否成功又取决于双方的实力对比。因此，一些学者分析了实力因素对干涉的影响。

（一）干涉国的实力对干涉的影响

一个由众多族群组成的庞大国家解体之后，在新成立的民族国家中，支配族群往往拥有决定国家政策的权力。如果没有第三方的保证，支配族群无法向少数族群做出不侵犯其权利的可信承诺。因为在少数族群看来，支配族群的权力一旦得到巩固，就可能违背自己的承诺，这就是所谓的“承诺问题”（Commitment Problem）。如果少数族群没有可靠的宪法权利，那么最佳选项就是发动内战，以提升自身的地位或者建立自己的国家。

然而皮特·范豪登（Pieter van Houten）的研究表明，承诺问题不一定会导致战争。他发现，苏联刚解体的时候，爱沙尼亚境内的俄罗斯族几乎没有任何权利，而爱沙尼亚族的权利则在上升，尽管如此，俄罗斯族也没有诉诸武力。范豪登认为，爱沙尼亚俄罗斯族的来源国（Reference State）——俄罗斯，发挥了抑制冲突的作用。[①] 一方面，来源国军事实力和经济实力越强大，它干涉的代价就越小，干涉成功的概率就越大。支配族群害怕实力强大的来源国的干涉，这时它做出的不侵犯少数族群的承诺就是可信的。相反，如果来源国实力较弱，就不会对支配族群形成有效的威胁。即使来源国出兵干涉，也很难击败支配族群。这时支配族群就难以

① Pieter van Houten, “The Role of a Minority's Reference State in Ethnic Relations,” *European Journal of Sociology*, Vol. 39, No. 1, 1998, pp. 111 - 112. 所谓“来源国”，即被少数族群的同族统治的国家，而少数族群（或者其祖先）曾经生活在这个国家。

做出可信的承诺，“承诺问题”就会产生，并且可能引发内战。另一方面，来源国干涉的意愿越强烈，它愿意承担的代价就越高。如果来源国的干涉意愿非常强烈，它可能会努力让少数族群表现得极为强硬。面对强硬的少数族群，支配族群也会毫不妥协，双方不断升级的对立情绪可能引发内战。少数族群和支配族群的战争开始后，来源国甚至还会出兵干涉。相反，如果来源国没有强烈的干涉意愿，即它不愿意承担较高的代价，那么它会主动采取措施，阻止少数族群对支配族群使用暴力，从而避免少数族群发动内战。既然少数族群没有同支配族群进行战争，来源国也就无须出兵干涉了。①

范豪登通过博弈论的推导发现，如果支配族群对来源国实力和意愿的感知能够取得平衡，那么来源国的存在有助于克服“承诺问题”。因此来源国的微妙立场非常关键。如果它不想看到少数族群和支配族群作战，就不能使支配族群认为它持想要保护少数族群的坚定立场，但也不能使支配族群认为它对少数族群的命运过于冷漠。范豪登认为，俄罗斯的实力和意愿就被爱沙尼亚感知为一种平衡。俄罗斯虽然有强大的实力，但却没有强烈的干涉意愿。正因为如此，爱沙尼亚境内的俄罗斯族没有受到爱沙尼亚族的侵犯，内战没有发生，俄罗斯也没有干涉。

范豪登的研究表明，第三方的实力和意愿会影响族群冲突以及干涉是否发生。感知在他的理论中是重要的一环。然而感知有时也会失真。支配族群对来源国实力和干涉意愿的感知，可能没有真实地反映来源国的行为和意图。除此之外，范豪登研究的案例发生在一个新国家成立之初，这也限制了他的理论的解释效力。

鲁彭·塞廷延（Rupen Cetinyan）利用“完全信息”克服了范豪登理论中感知的不确定性。塞廷延通过博弈论的分析，构建了一个完全信息战略互动模型（Perfect Information Strategic Interaction Model），以此来研究

① Pieter van Houten, “The Role of a Minority's Reference State in Ethnic Relations,” *European Journal of Sociology*, Vol. 39, No. 1, 1998, pp. 112 - 121.

潜在的第三方干涉（包括别国同族的干涉）对国内族群冲突的影响。① 他发现，当信息是完全的时候，少数族群总是会提出一定程度的、能够为支配族群所接受的要价，而少数族群的外部支持者（也就是第三方）从来不会干涉。少数族群与其支持者的实力相对于支配族群越强大，支配族群和少数族群之间议价的结果对于少数族群就越有利。

按照塞廷延的逻辑，一个战略行动者在做出行动之前，会预期它的对手和朋友可能的反应。信息完全则意味着少数族群、支配族群和第三方都知道彼此的偏好、能力和信念，它们各自的行动是在预估了彼此实力差异的可能影响之后做出的。在少数族群和支配族群议价的过程中，少数族群的要价不会超过在威胁发生战争情况下所能得到的数量。支配族群同样知道所有的信息，因此它会与少数族群在那个数量上达成妥协。这样一来，内部冲突就不会发生，外部干涉也不会出现。只有在信息不完全、无法做出可信承诺或者议题不可分的时候，议价才可能破裂，少数族群随之会动员力量以武力挑战支配族群。

完全信息战略互动模型的一个启示是，第三方干涉的可能性与支配族群对少数族群的侵害程度无关。也就是说，若支配族群对少数族群的侵害更严重，第三方干涉的可能性也并不一定更大。支配族群在决定以何种干涉程度对待少数族群时，已经预期到第三方可能的回应。因此，支配族群会在避免同少数族群的外部支持者对抗的前提下，尽量地挤压少数族群。如果为了避免同少数族群及其外部支持者发生战争而必须妥协，那么支配族群就会向少数族群做出妥协。

塞廷延指出，完全信息战略互动模型本质上是一个延伸威慑的模型。他认为，究竟是少数族群还是支配族群首先行动，对于模型的结果并不重要。因此，如果将第三方视作防御者，将支配族群视为挑战者，将少数族群视为被保护者，那么这就是一个延伸威慑的场景。

---

① See Rupen Cetinyan, "Ethnic Bargaining in the Shadow of Third-Party Intervention," *International Organization*, Vol. 56, No. 3, 2002, pp. 645 – 677.

塞廷延提出了一个比较独特的理论。按照他的理论，只要满足信息完全的条件，那么不论存在何种因素，一个国家都不会干涉别国内部的族群冲突。但是，信息完全这一前提条件在现实世界中很难满足。因此，我们不能拔高其理论的解释效力。

（二）受援方的实力对干涉的影响

范豪登和塞廷延所关注的是潜在的外部干涉者的实力对干涉的影响，艾达·惠布勒格茨在他们的基础上还分析了接受援助一方的实力对干涉的影响。惠布勒格茨认为，不能只从认同或感情等角度来分析共同的族群身份所发挥的作用。如果一个国家只依据感情来制定对外政策，那么它会不惜一切代价、不顾其他因素地介入到别国的族群冲突中来帮助自己的国外同族。但是从现实主义的立场来看，实力计算是非常重要的。这个国家必须考虑自身实力是否强大到足以在军事介入后获胜，而且它还要考虑自己在别国的同族的实力是否强大到值得为之一战。[①] 如果国外同族的人口较少，即实力较小，那么这个国家就没有必要介入到冲突中去。相反，如果有大量国外同族受到侵害或正在与政府发生武装冲突，那么这个国家就不会置之不理，它军事干涉的可能性就会增加。

有必要指出的是，惠布勒格茨以国外同族的人口规模作为衡量其实力大小的指标，但是人口数量越多，并不必然意味着会产生更强大的实力。族群内部的组织方式会在很大程度上影响数量转化为质量的效率。在冲突甚至战争的威胁下，族群拥有的军事人员数量能够反映作战能力的指标，可能会更好地体现其实力大小。就算人口规模是一个不错的指标，惠布勒格茨的变量操作化也值得商榷。惠布勒格茨以国外同族人口占所在国总人口的比例来判断其实力大小，问题在于，一个族群的人口可能在该国总人口中所占的比例很小，但是从绝对量来看却是一个很大的数字。因此，惠布勒格茨的变量操作化有必要改进。

---

① Ada Huibregtse, "Interstate Conflict and Ethnicity," *Civil Wars*, Vol. 13, No. 1, 2011, p. 47.

六　共同的族群身份与干涉

前面提到的分离主义威胁、安全、实力等因素，并没有关注族群的身份属性。身份及建立在身份基础上的认同对族群冲突和第三方干涉会产生非常重要的影响，学者们对此也进行了较多研究。

（一）共同的族群身份会提升干涉的可能性

族群认同产生的前提是共同的族群身份。现实世界中，同一族群的成员往往分布在不同的国家，他们拥有不同的国籍，但共同的族群身份将所有的成员联系在一起。一种直观的认识是，共同的族群身份能够塑造成员之间的认同感和亲切感，当某个国家的某一族群陷入冲突之中或者遭受危难时，生活在其他国家的同族出于认同感会向他们伸出援助之手。伴随着第三方的介入，冲突就会从一国内部扩散到其他国家。简而言之，共同的族群身份会提升别国干涉的可能性。

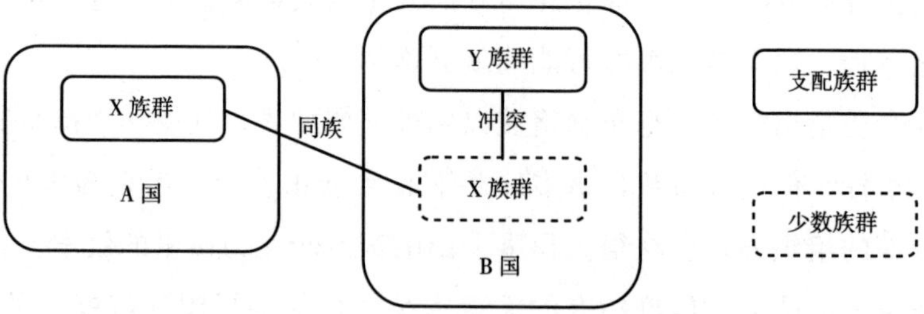

图 4　共同的族群身份影响干涉

戴维·戴维斯（David R. Davis）和威尔·摩尔（Will H. Moore）指出，当同一个族群的成员分布在两个国家时，跨国族群同盟就会形成。他们认为，民众会关心国外同族的生活和福利状况，而政府又必须对民众的关心做出回应。因此，如果同一个族群在 A 国支配或分享政权，在 B 国却受到侵犯，那么 A 国就会关注该族群在 B 国的境遇。A 国会提高对 B

国的敌意，以此来表达对同族命运的关切，两国关系的紧张程度随之上升。这种敌对关系反过来又会刺激被侵害的族群采取暴力行动。①

根据戴维斯和摩尔的理论，同盟是伴随着跨国族群自动生成的。然而在现实世界中存在着反例。例如韩国人和朝鲜人是同一个民族，但是这两个国家显然不是盟国。这个例子虽然非常特殊，但它给我们的启示是，共同的族群身份并不一定能够衍生出同盟关系。

戴维斯和摩尔的研究表明，共同的族群身份会促使一个国家主动帮助国外同族。道格拉斯·伍德维尔（Douglas Woodwell）的研究路径恰好相反。他认为，被干涉国的少数族群会主动向干涉国寻求帮助。伍德维尔指出，少数族群通常无法显著地影响国内政治，为了向政府施加压力，少数族群通常会寻求外部的支持。如果邻近的国家被自己的同族统治，那么少数族群就能找到天然的盟友。少数族群能够从邻国那里获得反政府活动所需的各种资源。邻国向该国的少数族群提供援助，反过来又会使两国关系紧张。在最极端的情况下，少数族群可能武力反对政府。这时候，如果邻国援助该国的少数族群，两国的冲突就会升级，甚至可能走向战争。在经过上述逻辑推论后，伍德维尔提出了他的理论：同一个族群生活在两个邻近的国家，且该族群在一国是支配族群，在另一国是少数族群，则当少数族群武力反叛时，这两个国家就可能会发生战争。②

图5　伍德维尔的逻辑

在概念界定上，伍德维尔将多数族群和支配族群视为等同，虽然事实上绝大部分国家的支配族群同时也是该国的多数族群，但还是存在少数族

① David R. Davis and Will H. Moore, "Ethnicity Matters: Transnational Ethnic Alliances and Foreign Policy Behavior," *International Studies Quarterly*, Vol. 41, No. 1, 1997, pp. 173 – 174.

② Douglas Woodwell, "Unwelcome Neighbors: Shared Ethnicity and International Conflict during the Cold War," *International Studies Quarterly*, Vol. 48, No. 1, 2004, pp. 200 – 201.

群统治国家的特例。撇开这一细节不谈，他的理论推导也存在明显的问题。对于少数族群来说，国外同族只是潜在的或者可能的盟友，但绝非必然的盟友。不能排除国外同族拒绝向少数族群提供援助的情况。换言之，伍德维尔强调的是少数族群获得国外同族支持的可能性，却没有考虑国外同族为什么会向少数族群伸出援手。共同的族群身份可能不是一个充分的条件，尤其是在少数族群是反叛者的背景下，国外同族在选择是否干涉时可能会有更多的顾虑。

（二）共同的族群身份并不必然导致干涉

与戴维斯、摩尔以及伍德维尔的观点相反，查尔斯·金（Charles King）和尼尔·梅尔文（Neil J. Melvin）认为，共同的族群身份并不必然导致干涉的出现。他们分析了苏联解体后俄罗斯、乌克兰和哈萨克斯坦在跨界族群问题上的表现。[①] 两位学者指出，民族主义并不必然导致跨界冲突，关注国外同族命运的国家也未必就是潜在的干涉者。在某些情况下，一个国家对国外同族的关注甚至会受到对方国家的欢迎，因为跨国族群被视为重要的文化和经济纽带。金和梅尔文认为，跨界族群可能是冲突向国界外扩散的刺激因素，但它本身未必就是导致国家间关系紧张的根源。仅有共同的族群身份，不足以让一个国家以政治稳定为代价，并且消耗大量经济资源来进行干涉甚至发动战争。

金和梅尔文的研究提醒我们，共同的族群身份可能只是干涉的背景，只有同时满足其他条件，干涉才会发生。事实上，在原苏联地区，一些国家因为族群问题确实发生过战争。围绕着纳戈尔诺—卡拉巴赫的归属问题，阿塞拜疆和亚美尼亚进行了战争。当摩尔多瓦境内的摩尔多瓦族与俄罗斯族发生冲突时，俄罗斯军队也曾进行了武力干涉。为什么在这些案例中干涉就出现了呢？一个可能的解答是，在这些案例中，共

① See Charles King and Neil J. Melvin, "Diaspora Politics: Ethnic Linkages, Foreign Policy, and Security in Eurasia," *International Security*, Vol. 24, No. 3, 1999 - 2000, pp. 108 - 138.

同的族群身份衍生出族群认同，而族群认同又深刻地影响了干涉国的对外决策。

七　族群认同与干涉

在回顾上述文献后，我们认识到，有时共同的族群身份并不会导致干涉。真正导致干涉的因素可能是对共同族群身份的认同，至于族群认同的产生及其影响干涉的路径，学者们有两种不同的观点。

（一）国家领导人塑造族群认同

部分学者认为，国家领导人为了实现特定的内外政策目标，会刻意在民众中间营造族群纽带的情感氛围。也就是说，族群认同是被人为“制造”出来的，反过来领导人的决策又赋予了其合法性。

加尼翁（V. P. Gagnon Jr.）认为，干涉既不是感情因素引发的，也不是外部安全问题导致的，而是国内竞争的产物。[①] 他指出，有些国家领导人为了创造出对自己有利的国内政治环境，会主动挑起国际冲突。具体而言，如果国家领导人的权力受到挑战者的威胁，他就会利用族群身份的差异建构出别国对本国的威胁，并且制定出进攻性的对外政策，例如干涉别国的族群冲突。国家领导人通过这样的方式动员起大多数民众，从而巩固自己的权力。

在加尼翁看来，干涉是转移国内政治竞争的一种手段，这与通过发动对外战争来转移国内矛盾的理论有着相似的逻辑。族群身份的差异并不会直接引发干涉。在需要的时候，国家领导人会通过族群身份的差异建构出别国对本国的威胁，从而为干涉找到合法性。在加尼翁的理论中，族群认同完全成为了国家领导人实施对外政策进而达成国内目标的一项工具。这

---

① V. P. Gagnon Jr., “Ethnic Nationalism and International Conflict: The Case of Serbia,” *International Security*, Vol. 19, No. 3, 1994 - 1995, pp. 130 - 166.

恰好从反面印证了族群认同的重要性。国家领导人之所以借用族群认同作为工具，说明族群认同以及民族主义具有潜在的刺激冲突的作用。

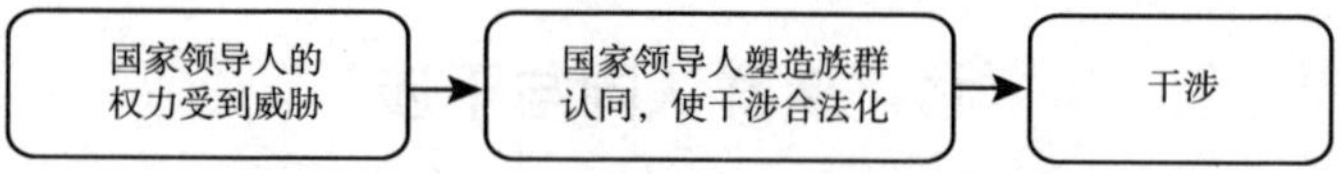

图 6　加尼翁的逻辑

与其他学者研究不同的是，加尼翁用国籍而非种族或血缘来界定族群身份。对于单一民族国家或者族群同质程度较高的国家来说，这一指标不存在问题。但是在多民族国家或者族群异质程度较高的国家，如果简单地以他国和本国来划分族群身份从而建构出他国对本国的威胁，那么国家领导人可能无法获得大多数民众的支持。本国的一个族群可能有同族生活在他国，对于这个族群来说，他国未必就是威胁。在这种情况下，国家领导人的对外决策将变得更加复杂。

与加尼翁关注领导人国内目标的视角不同，戴维·卡门特（David Carment）和帕特里克·詹姆斯（Patrick James）考察了领导人如何利用族群认同实现对外目标。① 他们认为国家领导人会利用民族主义认同（Nationalist Identities）来操纵民众的感情，以期实现某项对外政策的目标。在一定条件下，领导人在对外政策的决策过程中为了塑造民众的偏好会强调对共同族群身份的认同。强烈的族群认同一旦在民众中间形成，干涉也就会被民众接受。不过，卡门特和詹姆斯没有说明领导人到底想要实现什么样的对外目标。

（二）族群认同在民众层面自发产生

与前面几位学者的观点不同，还有学者认为族群认同是在民众层面自

① See David Carment and Patrick James, "Internal Constraints and Interstate Ethnic Conflict: Toward a Crisis-Based Assessment of Irredentism," *Journal of Conflict Resolution*, Vol. 39, No. 1, 1995, pp. 82–109.

发产生的。民众出于对国外同族的认同而要求国家出面干涉，领导人为了确保自己的国内政治地位，响应民众的要求，做出了干涉的决定。

斯蒂芬·塞德曼认为，如果民众中间存在族群认同，那么族群认同就会塑造民众在国内政策和外交政策中的偏好。对于具体的个人，他会支持本国帮助那些和他有着共同族群身份的外国人。换言之，族群认同奠定了干涉的民意基础。但是，仅有民众层面的族群认同是不够的，因为对外决策是由国家领导人做出的。因此，塞德曼进一步指出，族群认同能够有效地解释一国干涉行为的前提在于国内政治能够对外交政策产生重要的影响，即国家领导人必须重视民众的偏好，否则民众会转而支持其他政治人物。在某个国家的民族分离冲突中，潜在的干涉国通常会与冲突的某一方有着共同的族群身份。国家领导人必须对民众的期待做出回应，所以会决定帮助与本国民众有着共同族群身份的那一方。[①]

通过上述逻辑推论，塞德曼提出了族群认同影响第三方干涉的理论。对于发生在他国的族群冲突，一个国家会帮助与本国民众有着共同族群身份的一方。相反，如果本国民众与冲突的某一方有过仇恨的历史，那么该国就会反对这一方。还有一种情况是，本国民众与冲突的双方都有共同的族群身份，这时该国的政策就会是中立的或者是模糊的。在最后一种情况下，族群认同对第三方的干涉行为没有决定性的影响。

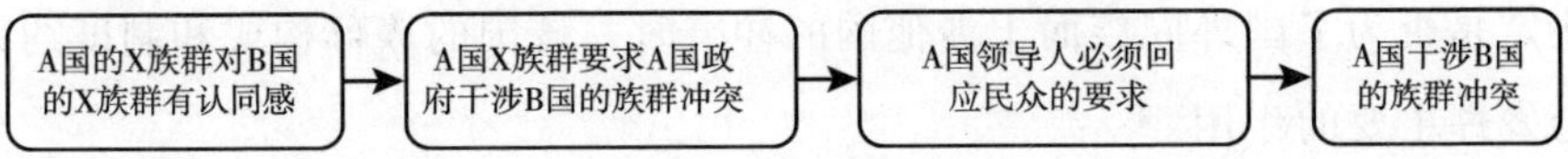

图 7　塞德曼的逻辑

学者们的研究表明，族群认同的产生及其对干涉的影响有两种不同的路径。两种路径的相似之处在于，它们都将族群认同与国内政治联系在一起。不同之处在于，前一种路径认为，族群认同是领导人建构出来的，是

① Stephen M. Saideman, "Explaining the International Relations of Secessionist Conflicts: Vulnerability versus Ethnic Ties," *International Organization*, Vol. 51, No. 4, 1997, p. 722.

领导人用来实现内外目标的工具。当领导人塑造出民众的族群认同后，他就可以合法地实施干涉。而后一种路径认为，源自民众层面的族群认同对领导人形成了压力，领导人为了维持自己的政治权力，必须回应民众的要求，从而发动了干涉。

八　族群构成对干涉的影响

某国存在强烈的族群认同意味着有干涉的意愿，但是意愿未必会转化为政策。同样存在强烈族群认同的国家并非都一样，有的国家干涉了，有的国家没干涉；有的国家干涉力度大，有的国家干涉力度小。对此，一些学者认为，干涉国内部族群构成的差异导致了干涉行为的差异。

斯蒂芬·塞德曼在研究中发现，支配族群干涉别国族群冲突的可能性比少数族群更大。① 这一结论符合我们的直观认识。支配族群由于掌握了国家政权，因而拥有比少数族群更多的决策权，它干涉别国族群冲突的可能性也就更大。因此我们还有必要分析一个国家的族群构成对其干涉行为的影响。一方面，族群构成会影响族群认同转化为国家对外政策的程度；另一方面，族群构成的具体形式也可能会对干涉政策产生影响。

戴维·卡门特和帕特里克·詹姆斯在他们的研究中指出，一个国家在决定是否为了国外同族而干涉他国的冲突时，该国的族群构成和制度约束会发挥主要的作用。②

卡门特和詹姆斯将国家按照族群构成的差异分成两种理想的类型。一类是族群支配（Ethnic Domination）型国家，另一类是族群多样（Ethnic Diversity）型国家。在族群支配型国家中，单独一个族群享有整个国家的

---

① Stephen M. Saideman, "Discrimination in International Relations: Analyzing External Support for Ethnic Groups," *Journal of Peace Research*, Vol. 39, No. 1, 2002, p. 41.

② David Carment and Patrick James, "Third Party States in Ethnic Conflict," in Steven E. Lobell and Philip Mauceri, eds., *Ethnic Conflict and International Politics* (New York: Palgrave MacMillan, 2004), pp. 11 - 34.

政治权力。无须其他族群的支持，国家领导人就能够为了帮助自己的同族而干涉别国的冲突。与之相反，在族群多样型国家，领导人如果没有得到其他族群的支持，往往难以顺利进行统治。所以这些国家的领导人为了获得政治支持，倾向于采取能够吸引不同族群的政策。在此情况下，为同族而干涉别国的政策可能得不到其他族群的支持，因此干涉不易产生。

另一方面，卡门特和詹姆斯又将国家按照制度约束的差异划分为两种类型。一种是制度约束低的国家，如威权主义国家和极权主义国家；另一类是制度约束高的国家，如民主国家。在制度约束低的国家，有些领导人为了实现自己的利益或者本族群的利益，可能会寻求攻击性的对外政策。这样，某国的族群冲突就可能诱发制度约束较低的国家的干涉。而在制度约束高的国家，领导人直接对人民负责，人民可以通过选举来奖励或者惩罚领导人的行为。不论国家的族群构成如何，领导人都要寻求大众的支持。因此，这类国家的领导人不太可能采取那些会将整个国家置于危险境地的政策。

若我们将族群构成和制度约束进行组合，可以得出四种类型的国家。卡门特和詹姆斯认为，族群支配型且制度约束低的国家干涉的可能性最大，并且倾向于发动战争；族群支配型且制度约束高的国家偶尔会干涉；族群多样型且制度约束低的国家倾向于以消极的游说方式干涉别国的族群冲突；族群多样型且制度约束高的国家则不太可能干涉。

卡门特和詹姆斯的研究解释了为什么同样存在族群认同，不同的国家会有不同的政策行为。但是他们对族群构成的划分不够完善。族群支配型国家被定义为被一个族群独享政治权力的国家，可以算是以国家政治权力的归属作为界定标准。然而他们却没有给族群多样型国家做出明确的定义。如果同样以权力归属作为界定标准的话，那么族群多样型国家就应该被理解为是由多个族群分享政权的国家。但是族群多样型国家还可以从人口统计学的角度来理解，即族群种类越多、族群成分越复杂的国家就是族群多样型国家。这样一来，我们就会发现族群支配型国家同时也可能是族群多样型国家，因为在有的国家内生活着为数众多的族群，但是国家权力却被某一个族群掌控。因此，划分标准不明确是该研究的一个重要缺陷。

艾达·惠布勒格茨在卡门特和詹姆斯两人研究的基础上，进一步对族群的支配地位和族群的多样性进行了区分。[①] 一方面，支配族群在本国政治体制中处于优势地位，所以支配族群干涉的可能性比其他族群更大。另一方面，族群多样性会降低一个国家干涉别国内部冲突的可能性。对于族群多样性程度高的国家而言，干涉别国的族群冲突会影响本国内部各族群之间的均势，因此这类国家干涉的可能性较小。不过事实上，即使是族群多样性程度高的国家，也可能存在一个支配国家政权的大族群。由于其他族群影响决策的权力很小甚至为零，这个大的支配族群无须其他族群的同意就可以干涉别国的内部冲突。因此，被一个大的族群支配的国家，无论其族群多样性程度如何，都更有可能干涉别国的族群冲突。

族群的支配地位与多样性的结合会产生三种类型的国家：X 型——族群多样性程度高且有一个大的支配族群；Y 型——族群多样性程度低且有一个大的支配族群；Z 型——族群多样性程度高且没有支配族群。惠布勒格茨认为，由于 X 型和 Y 型都是被一个大的族群支配的国家，因此它们比 Z 型更容易做出军事干涉的决定。而 X 型干涉别国族群冲突的可能性又比 Y 型更大。对此，惠布勒格茨给出了两条解释。一是军事干涉可以在支配族群的成员之间，以及支配族群与同它结盟的族群之间制造更大的凝聚力；二是支配族群可以通过军事干涉向不支持它政策的国内其他族群显示力量。相反，X 型若不干涉则代价可能巨大，因为国内的其他族群会将其不行动视作软弱的表现，从而向支配族群提出要求，轻者要求提升本族的文化权利，重者则要求实现独立。而成功的军事干涉则能够提升支配族群相较于国内其他族群的权力。基于上述两个原因，族群多样性程度高，同时又有一个大的支配族群的国家，干涉的可能性最大。惠布勒格茨还进一步将三种类型的国家进行组合，得到了六种结果：XX 型、XY 型、XZ 型、YY 型、YZ 型、ZZ 型。根据前述的推论，XX 型之间爆发冲突的可能性最大，XY

① See Ada Huibregtse, "Interstate Conflict and Ethnicity," *Civil Wars*, Vol. 13, No. 1, 2011, pp. 43 – 46.

型和 XZ 型次之。

虽然惠布勒格茨的分类较之卡门特和詹姆斯更为明确，但还有不完善之处，三种类型的划分并没有包括所有的国家。严格来说，例如比利时就没法在 X、Y、Z 中对号入座。事实上，比利时的人口主要由两大族群构成，即讲荷兰语的弗拉芒人和讲法语的瓦隆人，这两个族群在国家权力分配中都享有很大的份额。因此，比利时可以算作族群多样性程度低，又没有一个单独支配族群的国家。此外，并不是所有的支配族群都是大族群，例如种族隔离时期的南非是由少数白人统治的。那么当国家政权被一个少数族群垄断时，惠布勒格茨的理论是否仍然有效呢？这或许需要进一步的研究来验证。

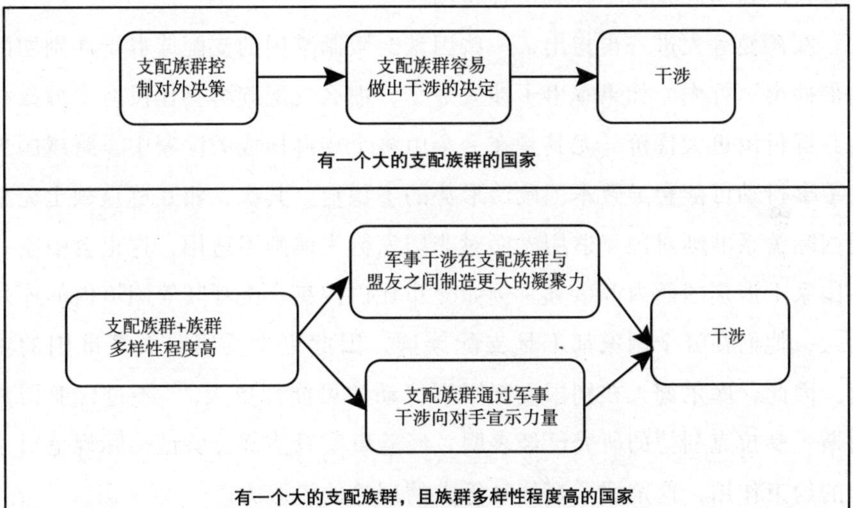

图 8　惠布勒格茨的逻辑

与卡门特、詹姆斯、惠布勒格茨的观点不同，拉斯—埃里克·塞德曼等四位学者认为，支配族群反而对冲突具有抑制作用。[①] 他们同时从国内

① See Lars-Erik Cederman et al., "Transborder Ethnic Kin and Civil War," *International Organization*, Vol. 67, No. 2, 2013, pp. 389 -410.

和国际两个层面分析了内战的原因。在国内层面，支配族群与少数族群构成了第一对矛盾；在国际层面，支配族群与少数族群的邻国同族构成了第二对矛盾。鉴于本文关注的焦点在于国际干涉，我们主要借鉴他们对第二对矛盾的分析。

塞德曼等人指出，在其他条件相同的情况下，如果某国少数族群的邻国同族掌握了国家的政权和军队，某国少数族群的实力就更强。掌握政权的邻国同族往往通过官方的外交途径与其他国家接触，因而对其他国家而言，它们的资源和实力是可知的。这强化了邻国同族对其他国家的威胁的可信度，减少了议价的不确定性。因此，实力强大的、掌握了政权的邻国同族具有抑制冲突的作用，可以预防某国支配族群与少数族群的冲突，而不掌权的邻国同族则不具有这种作用。

塞德曼等人进一步指出，一些因素会限制某国的支配族群干涉别国的内部冲突。首先，如果军事干涉失败了，那么支配族群会比没有掌握政权的族群付出更大代价。尤其是在一个由多个族群构成的国家中，跨越国界的军事行动可能会导致本国政治形势的不稳定。其次，相互尊重领土完整的国际关系准则对国家适用，而对非国家行为体则不适用，这也会限制一个国家干涉别国的内部事务。例如分布在伊拉克、土耳其等国境内的库尔德人，他们在哪个国家都不是支配族群，因此更少受国际关系准则的束缚。因此，库尔德人在别国发起军事行动的可能性更大。[①] 不过，亚历克西斯·赫拉克利德的研究已经表明，经验事实只能部分验证国际规范对干涉的约束作用，这削弱了塞德曼等人的理论的说服力。

九　总结

综上所述，学者们从分离主义威胁、安全、实力、共同的族群身份、族群认同以及族群构成等方面回答了一个国家为什么会（或者不会）干

① Cederman et al.，“Transborder Ethnic Kin and Civil War,” p. 400.

涉别国的族群冲突。萨蒂娅·托威尔、罗伯特·杰克逊、卡尔·罗斯伯格、杰弗里·赫布斯特、拉德米拉·纳卡拉达等人认为，分离主义威胁会抑制一个国家干涉别国的族群冲突。然而戴维·莱廷、塞得·萨玛特、亚历克西斯·赫拉克利德以及斯蒂芬·塞德曼质疑了这种理论。他们发现，一些面临分离主义威胁的国家也会干涉别国的族群冲突，分离主义威胁已经被证实为一个不充分的因素。而且，“分离主义威胁论”还无法解释那些没有受到分离主义威胁的国家的行为。因此，笔者认为，不应将分离主义威胁对干涉的影响视作决定性的。

学者们对安全因素的研究着眼于干涉国的自身利益。斯蒂芬·塞德曼指出，干涉可能是为了减轻强国对自身的威胁。马丁·奥斯特沃·诺姆则认为，干涉的目的在于抑制国内的分离主义。两者的出发点都是为减轻干涉国承受的安全压力。然而，塞德曼的假设没有得到统计检验的验证，而且他将干涉的对象限定为强国。诺姆的理论在一定程度上是一个“自我实现的预言”，可能干涉国在采取干涉行动之前，并没有面临显著的分离主义威胁，反倒是其干涉行动激发了国内强烈的分离主义运动。

皮特·范豪登、鲁彭·塞廷延和艾达·惠布勒格茨分别研究了干涉国的实力以及受援方的实力各自对干涉的影响。范豪登认为，如果潜在的干涉国被对手感知为实力强大但又没有强烈的干涉意愿，那么干涉就不会发生。塞廷延指出，在“完全信息”的条件下，各方都知道彼此的实力、意愿和偏好，每一方都会在避免出现冲突的前提下行动，因而不会出现干涉。惠布勒格茨认为，如果受到侵害的国外同族实力较强，干涉就是值得的，这时干涉的可能性就会增加。他们的研究都存在不足之处。在范豪登的理论中，感知是一个重要的变量，但是感知可能与事实之间出现偏差。塞廷延的“完全信息”也是一个极为苛刻的条件，现实世界很难满足。而在惠布勒格茨的统计检验中，他对受援方实力的操作化还有待改进。

戴维·戴维斯、威尔·摩尔以及道格拉斯·伍德维尔认为，共同的族群身份会提升干涉的可能性。查尔斯·金和尼尔·梅尔文则持相反的观点。他们的研究表明，共同的族群身份并不必然导致干涉。以上争论对我们的启示是，相较于单纯的身份属性，一个更重要的因素可能是建立在共同族群身份基础上的族群认同。

加尼翁、戴维·卡门特、帕特里克·詹姆斯以及斯蒂芬·塞德曼分析了族群认同对干涉的影响。一种情况是，民众出于对国外同族的认同感而要求国家出面干涉，领导人为了确保自己的国内政治地位，必须回应民众的呼声，因而做出了干涉的决定。另一种情况是，领导人为了实现某一特定的政策目标，刻意在民众中间营造族群认同，从而为干涉行动制造合法性。事实上，领导人想要实现的目标可能与族群身份没有多大关联，族群认同只是一个“幌子”。虽然这两种情况呈现两种完全不同的路径，但它们有一个共同点，那就是出现了具有政策导向的族群认同，这时，干涉的可能性就会提升。

即使具备强烈的族群认同，也不意味着干涉就一定会出现。对别国内部事务的干涉，尤其是跨越国界的军事行动，通常是一项重大的对外政策。因此，我们还必须考虑族群认同能够在多大程度上转化为实际的政策。这又与干涉国自身的族群构成情况有关。艾达·惠布勒格茨的研究表明，一个国家的族群构成确实会影响其对外决策。如果将族群认同与族群构成结合起来，我们也许能够得到一条更明晰的研究路径，即分析族群认同转化为国家对外政策的程度，从而解释不同国家干涉行为的差异。

总之，安全因素或者实力因素都没有体现族群冲突的特性，学者们在研究其他类型的冲突时，同样会考虑到这些因素。对族群认同、族群构成的研究则考察了身份、认同等族群特性，同时还涉及对决策过程的分析，能够更深刻、更全面地解释不同国家干涉行为的差异。在回顾并梳理了学者们的研究之后，笔者提出以下不成熟的假设：如果一个国家的民众对国外同族存在认同感，并且这种认同感在很大程度上能够转化为实际的对外政策，那么这个国家干涉别国族群冲突的可能性就很大。当然，如何量化认同感以及认同感转化为政策的程度，需要进一步审慎的思考，这也是未来针对这一问题进行案例检验和统计分析的关键所在。

国际贸易对泰国政治参与的影响

李东云　曹　倩　田　野◎

【内容提要】 20世纪70年代，在世界范围内出现"第三波"民主化浪潮，一大批非民主国家开始向民主政体转型，泰国也在其中。在民主化进程中，泰国中下阶层通过多种方式进行政治参与，政治影响力迅速提升，开始挑战并压倒传统精英和既得利益集团掌控的政治权力。政治参与有多维度、复杂的影响因素。根据罗戈夫斯基的理论，在劳动力充裕但土地稀缺的落后经济体中，劳工会在国际贸易的扩张中获益，进而扩展其政治影响力。泰国劳动力充裕，国际贸易的扩张改善了作为劳动力要素所有者的工人、城市贫民的经济状况。随着经济状况改善，阶层意识开始产生，中下阶层为了寻求更多的经济利益开始产生政治诉求。但是在政治现代化进程中形成的既得利益集团垄断了政治权力，中下阶层被排斥在政治权力的边缘。他们为了自身利益开始以政治结社、社会运动、政治选举等方式进行大规模政治参与，并作为新兴政治力量开始在国内政治中崭露头角。

【关键词】 政治参与　民主转型　国际贸易　社会结构　社会联盟

【作者简介】 李东云　中国人民大学国际关系学院2012级硕士研究生。
曹　倩　中国人民大学国际关系学院2013级硕士研究生。
田　野　中国人民大学国际关系学院副教授。
邮箱：lidongyunlnu@163. com

《国际政治科学》2015年第2期（总第42期），第31—65页。
Quarterly Journal of International Politics

政治参与，从本质上讲是普通公民通过发起政治运动、组建政党、参与投票选举等方式，影响政治体系的运行方式、决策过程，为维护和扩大自身利益所采取的政治行为。在亨廷顿看来，政治参与是平民试图影响政府决策的活动。[①] 政治参与和民主政治紧密相关，适度有效的政治参与是民主的首要构成部分。缺乏政治参与意味着一个国家的政治系统缺少信息输入，无法对公民的政治诉求进行回馈，因而面临崩溃的潜在威胁。民主化是国家政治权力由少数精英垄断转向由大多数公民分享的过程，这种转变的过程也就是国内政治参与规模扩大的过程。研究民主转型国家的政治参与，是分析处于民主化进程中国家政治现象的重要切入点。

自 20 世纪 70 年代以来，在世界范围内出现“第三波”民主化浪潮，一大批非民主国家开始向民主政体转变。在泰国，1988 年执掌政权近 10 年的威权政体领导人炳·廷素拉暖辞职后，文官宪政战胜了军人威权统治，成为泰国政治的主要形式，泰国的民主化开始了较为深入的发展。在泰国的民主化进程中，中下阶层的政治参与程度和政治影响力不断提高，开始挑战并压倒传统精英和既得利益集团掌控的政治权力。这一时期，泰国向民主转型的动力是什么？为什么推动了泰国中下阶层的政治参与？本文要探讨的主要内容就是产生这一现象的决定性影响因素。

一　对泰国民主转型的既有研究及其不足

自 20 世纪 80 年代以来，泰国开始向民主政体转型，其中一个显著特点就是中下阶层政治参与规模和范围的扩大。泰国中下阶层力量的崛起表现为前“电信大王”他信·西那瓦领导的泰爱泰党的崛起。自 2001 年以来，受到北部、东北部农民和城市贫民支持的泰爱泰党及其继任政党在选

① 塞缪尔·亨廷顿、琼·纳尔逊：《难以抉择——发展中国家的政治参与》，北京，华夏出版社，1989，第 5 页。

举中接连取胜，深刻反映了中下阶层政治力量的觉醒。泰国王室的至高权威、军队的独特地位、脆弱的民主制度、他信及其政党的崛起、2006 年以来持续的政治动荡，使其受到学术界的关注。有关泰国民主转型及政治参与影响因素的研究可以分为以下几个方面。

（一）全球化推动了泰国的民主发展

部分学者认为，全球化是促进泰国民主发展的重要因素。亨廷顿指出，国际环境对“第三波”民主化起到推动作用，其他国家的民主化有利于形成“滚雪球”或“示范效应”，从而带动一国的民主发展。[①] 以美国为首的西方国家支持发展中国家的民主化，并通过经济、政治压力来助力其他国家的民主化进程。1998 年亚洲金融危机发生后，新一轮民主化浪潮席卷东南亚，美国在这一地区花费相当大的精力来推进民主。在越南、老挝、柬埔寨，都有美国支持的推动“颜色革命”的组织在活动。在全球化的背景之下，亚洲相邻国家的民主化也蔓延到了泰国。经济全球化和经济危机削弱了军队在泰国的地位，从而有利于泰国的民主化进程。尤克力斯特·帕思曼德（Ukrist Pathmanand）通过对泰国政治经济社会的三类主要行为体的分析，阐述了全球化与民主发展的关系：20 世纪 90 年代，受到全球化的影响，泰国的公民社会取得了很大规模的发展，已经有能力挑战旧的社会政治秩序。[②]

然而，“全球化”这一概念本身就有政治全球化、经济全球化、文化全球化等多方面内涵，也正因为如此，它们对国内民主的影响是复杂的、多样的，其间的因果机制并不明晰。同时，也有观点认为，全球化对民主发展有抑制作用。全球化在带动泰国经济发展的同时，又使其经济过于依

① 塞缪尔·P. 亨廷顿：《第三波：20 世纪后期的民主化浪潮》，欧阳景根译，北京，中国人民大学出版社，2012。

② Ukrist Pathmanand, "Globalization and Democratic Development in Thailand: The New Path of the Military, Private Sector, and Civil Society," *Contemporary Southeast Asia*, Vol. 23, No. 1, April 2001, pp. 24–42.

赖发达国家，而发达国家敦促泰国实行对其不适合的民主化，加重了政局的动荡。同时，发达国家的经济操控也增加了泰国国内仇视西方的情绪，反而制约了泰国的民主化进程。[①] 复杂且并不确定的因果关系，使全球化的解释力受到怀疑。

（二）他信的民粹主义政策推动泰国民主转型

帕苏克·帕奇特（Pasuk Phongpaichit）和克里斯·贝克（Chris Baker）在他们的文章《他信的民粹主义》中称，他信的民粹主义政策是对几十年来资本主义发展催生的贫民诉求的回应。这一政策主要照顾的是农民的利益，因而引发城市中产阶级的不满，也因此逐渐产生了支持他信和反对他信的对立的政治势力。[②] 他信为响应在出口导向经济政策中逐渐形成的农民大众的政治诉求而采取的民粹主义政策，激发了农民阶层的政治参与意识，扩大了农民的政治参与水平。[③] 周方冶也认为，他信执政期间的草根惠农政策在使广大农民受益的同时损害了包括军队、官僚等中上阶层的利益，深化了社会分裂的程度，但政治势力之间缺乏妥协，导致国内街头政治频仍。[④]

他信的民粹主义政策，激发了泰国中下阶层的政治参与意识，是泰国民主转型的直接助力。因此，他信的民粹主义政策可以被认为是泰国中下阶层政治参与意识觉醒、政治参与规模扩大的原因，但同时，它未尝不是他信政府对民众日益壮大的政治影响力的迎合与回应。但是，民粹主义政

① Catharin E. Dalpino, "Does Globalization Promote Democracy? An Early Assessment," *The Brookings Review*, Vol. 19, No. 4, 2001, p. 48.

② Pasuk Phongpaichit & Chris Baker, "Thaksin's Populism," *Journal of Contemporary Asia*, Vol. 38 - 1, 2008, pp. 62 - 83.

③ Pasuk Phongpaichit & Chris Baker, "Thaksin's Populism," *Journal of Contemporary Asia*, Vol. 38 - 1, 2008, pp. 62 - 83.

④ 参见周方冶《泰国政治持续动荡的结构性原因与发展前景》，《亚非纵横》2014 年第 1 期，第 54—64 页；周方冶《泰国政治格局转型中的利益冲突与城乡分化》，《亚非纵横》2008 年第 6 期，第 41—49 页；周方冶《泰国非暴力群众运动与政治转型》，《当代亚太》2007 年第 7 期，第 31—43 页。

策不能作为泰国民主转型的解释因素，因为它本身也是泰国民主化的体现和结果。用他信的民粹主义政策来解释泰国的民主转型，将会陷入循环论证的尴尬境地。

（三）红衫军运动推动了泰国的民主转型

一些学者认为，“红衫军”[①] 运动反映了泰国中下阶层的政治意识觉醒，是推动泰国民主化的重要原因。红衫军认为他信是被强大的传统政治势力推翻的，并意识到自己在泰国现代化过程中没有公平分享社会的发展成果，因此频繁发起群众运动。艾姆·辛彭（Aim Sinpeng）和埃里克·马丁内斯·库赫塔（Erik Martinez Kuhonta）在对泰国2011年选举的研究中指出，自2006年以来，泰国兴起的以红衫军和黄衫军[②]为代表的群众运动虽然造成了政局的混乱，但是却极大地动员了普通民众的政治参与意识，使他们意识到选举的重要价值。[③] 那蒙·塔博彻波（Naruemon Thabchumpon）对红衫军的构成进行了分析，即其构成主要是由城市化的农民和之前在他信政策下获益的边缘阶层。[④] 吉姆·泰勒（Jim Taylor）认为，红衫军社会运动是泰国处于边缘阶层的群体表达其经济和民主诉求的政治运动。[⑤] 乔治·卡塞菲克斯（George Katsiaficas）在其著作中也认为，红衫军代表的是下层人民的政治觉醒。[⑥]

---

① 由支持他信势力的泰国东部和北部的农民、城市贫民组成，他们在游行示威时穿红衫，因此被称为“红衫军”。

② 由支持国王、官僚阶层、曼谷的精英阶层及军队的反他信势力组成，他们在游行示威时穿黄衫，因此被称为“黄衫军”。

③ Aim Sinpeng and Erik Martinez Kuhonta, “From the Street to the Ballot Box: The July 2011 Elections and the Rise of Social Movements in Thailand,” *Contemporary Southeast Asia*, Vol. 34, No. 3, 2012, pp. 389 – 435.

④ Naruemon Thabchumpon and Mccargo Duncan Source, “Urbanized Villagers in the 2010 Thai Redshirt Protests,” *Asian Survey*, Vol. 51, No. 6, November/December 2011, pp. 993 – 1018.

⑤ Jim Taylor, “Remembrance and Tragedy: Understanding Thailand's ‘Red Shirt’ Social Movement,” *Journal of Social Issues in Southeast Asia*, Vol. 27, No. 1, April 2012, pp. 120 – 152.

⑥ George Katsiaficas, *Asia's Unknown Uprisings Volume 2: People Power in Philippines, Burma, China, Bangladesh, Nepal, Thailand and Indonesia 1947 – 2009* (PM Press, 2013).

正如他信的民粹主义政策一样，红衫军运动也是泰国民主化的一种体现，用它来解释泰国民主化，依然是在用现象解释现象，并不能说明影响泰国民主化的深层因素，没有触及其根源。红衫军运动为何会兴起，中下阶层的政治参与为何会得以扩大，依然没有得到有效的解释。因此，单纯用红衫军运动来解释泰国的民主转型，也存在一定的缺陷。

（四）经济发展和经济不平等促进了泰国的民主转型

安德鲁·沃克（Andrew Walker）以实地调研的方法对泰国农村社会进行研究，他认为泰国农民政治参与规模扩大的基础是农民经济收入和教育水平的提高，而经济水平的提高又与泰国农业和农产品加工业的发展紧密联系。[①] 乌吉·巴玛南等人也认为，泰国近年来的经济发展提高了公众的参政意识，他们开始提出自身的利益诉求。[②] 国内学者张锡镇认为，泰国群众运动此起彼伏的深层次根源，是经济上贫富分化导致的国内社会的分裂。[③] 现有的解释认为，在基本民主制度的框架内，经济发展提高了中下阶层的收入水平、受教育程度，培养了其政治参与意识，国内不平等的社会经济结构催生了中下阶层的不满和表达诉求的愿望，在经济因素与社会政治因素的共同影响下，泰国中下阶层开始频繁地进行政治参与，政治影响力逐渐扩大。

事实上，泰国国内的不平等由来已久，而且大量的案例和事实显示，社会阶层间的不平等和经济的发展并不必然与民主政治相联系。为什么泰国的民主转型得以发生，为什么它发生在那一时段，以及经济发展如何影响社会结构和力量对比的变化、从而最终导致泰国的民主转型？依然有待

---

① Andrew Walker, *Thailand's Political Peasants: Power in the Modern Rural Economy* (Madison: University of Wisconsin Press, 2012).

② Ukrist Pathmanand, "Globalization and Democratic Development in Thailand: The New Path of the Military, Private Sector, and Civil Society," *Contemporary Southeast Asia*, Vol. 23, No. 1, April 2001, pp. 32 – 35; Neil A. Englehart, "Democracy and the Thai Middle Class," *Asian Survey*, Vol. 43, No. 2, March/April 2003, pp. 253 – 254.

③ 张锡镇、宋清润：《泰国民主政治论》，北京，中国书籍出版社，2013。

进行深入探索和研究。

现有的关于泰国民主转型与政治参与的研究，从不同角度对这些问题进行了阐释。全球化通过“示范效应”、削弱军队的地位、促进公民社会的发展这三个方面的作用，推动了泰国民众政治参与的扩大。但“全球化”概念过于宏大，因此，因果机制变得复杂不清。他信的民粹主义政策是激发泰国中下阶层民众政治参与意识的直接原因，但同时也是对民众政治参与要求的回应。红衫军运动在解释泰国民众政治参与的扩大问题上，也面临同样的困境。经济发展提高了中下阶层的政治参与意识，而国内不平等促进了社会分化和中下阶层的不满，但它难以解释民主转型的发生的时间。而本文则强调国际贸易因素对泰国政治参与的影响，在跨国关系—国内政治研究的基础上延伸因果链条，对以上各观点进行补充和完善，力争更清晰地阐明泰国民主转型的动力。本文将国际贸易对国内政治联盟与分化的影响进一步扩展至民主转型国家中下阶层的政治参与问题上，在对国内政治联盟分析的基础上进一步解读民主转型国家的政治参与和民主巩固，将国际贸易、国内政治分化、民主化进程中的政治参与三者构成双重因果链。

二　国际贸易、国内社会分化与政治参与

在分析泰国国内政治参与现象的影响因素时，本文主要借鉴和运用罗戈夫斯基的社会联盟理论。本文首先阐述罗戈夫斯基有关国际贸易与国内政治分化的理论框架，然后结合泰国的具体情况进行变量界定。

（一）国际贸易与国内政治分化

沿着彼得·古勒维奇“颠倒的第二意象”的研究路径，罗纳德·罗戈夫斯基成功扩展了经济学中的赫克歇尔—俄林—萨缪尔森模型，将国际贸易理论与国内社会阶层结构结合起来，阐述了国际贸易变化如何影响国内不同阶层的利益分配：国际贸易的扩张使一国充裕要素

的所有者受益，稀缺要素的所有者受损；而国际贸易的收缩则使一国稀缺要素的所有者受益，充裕要素的所有者受损。在此基础上，罗戈夫斯基进一步分析了国内不同阶层在财富分配差异情况下的政治联盟与分化。

罗戈夫斯基对土地、劳动力和资本这传统的三种要素进行精练，以土地—劳动力比来衡量一国在土地、劳动力这两个要素方面的禀赋程度（因为没有一个国家在土地和劳动力上都是充裕的）。较高的土地—劳动力比表明一国的土地充裕和劳动力稀缺，较低的土地—劳动力比则意味着土地稀缺和劳动力充裕。罗戈夫斯基对资本要素进行单独解释，按照资本要素的禀赋状况将国家分为两类：一类是资本充裕的发达经济体，一类是资本稀缺的落后经济体。由此，也就产生了四种具有不同要素禀赋类型的经济体：一是资本和土地充裕，劳动力贫乏；二是资本和劳动力充裕，土地贫乏；三是土地充裕，资本和劳动力贫乏；四是劳动力充裕，资本和土地稀缺（见表 1）。[①]

表 1　要素禀赋的四种类型

	土地—劳动力比	
	高	低
发达经济体	(Ⅰ)充裕:资本、土地 稀缺:劳动力	(Ⅱ)充裕:资本、劳动力 稀缺:土地
落后经济体	(Ⅲ)充裕:土地 稀缺:资本、劳动力	(Ⅳ)充裕:劳动力 稀缺:资本、土地

资料来源：罗纳德·罗戈夫斯基：《商业与联盟》，杨毅译，上海世纪出版集团，2012，第 4 页。

根据斯托尔帕—萨缪尔森定理，国际贸易的扩张会带来以下四种政治后果（见表 2）。

① 罗纳德·罗戈夫斯基：《商业与联盟》，杨毅译，上海世纪出版集团，2012，第 5 页。

表 2　贸易扩张的政治效果

	土地—劳动力比	
	高	低
发达经济体	阶级分化： 土地、资本所有者支持自由贸易 劳工争取贸易保护	城乡分化： 资本所有者、劳工支持自由贸易 土地所有者争取贸易保护
落后经济体	城乡分化： 土地所有者支持自由贸易 劳工、资本所有者争取贸易保护	阶级分化： 劳工支持自由贸易 资本、土地所有者争取贸易保护

资料来源：罗纳德·罗戈夫斯基：《商业与联盟》，杨毅译，上海世纪出版集团，2012，第 5 页。

第一，在土地充裕而劳动力稀缺的发达经济体（见表 1 左上），随着国际贸易的扩张，资本密集型行业和农业部门将从国际贸易中获益，它们会结成社会联盟支持自由贸易；而劳动密集型产业会在国际贸易中受损，它们会反抗自由贸易政策，支持贸易保护。受益的一方将寻求扩大他们的政治实力，削弱劳工的经济特权并对其组织进行压制，以防自身权利被削弱（见表 2 左上）。

第二，在劳动力充裕而土地稀缺的发达经济体（见表 1 右上），贸易的扩张使资本家和劳工获益，他们会结成社会联盟支持自由贸易；而土地所有者和土地密集型产业的利益在国际贸易中受损，他们通常寻求贸易保护。在这种情况下，资本家和工人作为受益的一方有针对性地共同扩展他们的政治影响，以削弱贵族政治精英（见表 2 右上）。

第三，在土地充裕但劳动力稀缺的落后经济体（见表 1 左下），土地密集型的农牧业将从国际贸易的扩张中获益，进而支持自由贸易政策；资本所有者和劳工在国际贸易中利益受损，他们会联合起来寻求贸易保护。在这种情况下，农民和牧民会在一些民粹主义运动中扩展其影响力（见表 2 左下）。

第四，在劳动力充裕但土地稀缺的落后经济体（见表 1 右下），劳工作为充裕要素的所有者会在国际贸易的扩张中获益，因而支持自由贸易；

而资本和土地所有者会在国际贸易的扩张中利益受损，寻求贸易保护。劳工阶层会创建工会、组织工人运动，以扩展其政治影响力。而土地、资本家和资本密集型的企业主则会联合起来，以防止自身权益受到削弱（见表 2 右下）。

社会阶层是因社会资源和机会的占有和支配不同而区分的不同社会群体。这里的社会资源包括经济、政治、文化等各方面的资源。[①] 行业与阶层是一种现象的两个维度，个人的职业、所处的行业也就决定了他所属的社会阶层。对经济资源的占有和支配是决定社会阶层划分的重中之重。社会政治经济的变化也会导致社会阶层关系的变化。通过将经济活动中的要素与政治社会中的阶层进行对照结合，罗戈夫斯基以精练的理论模型论述了国际贸易的扩张给国内阶层分化带来的影响，细化了国内政治现象的国际经济根源。

迈克尔 · J. 希斯考克斯在此基础上将要素流动程度这一因素加入考量，深化了对国内联盟的分析。他认为，当一国的要素流动程度较低时，国内形成的联盟模式是行业联盟。不同的行业联盟在贸易政策的立场上产生分裂：进口竞争行业争取贸易保护，而出口行业争取自由贸易。当一国的要素流动程度较高时，国内形成的联盟模式是阶级联盟。同一阶级在贸易问题上的立场统一：作为充裕要素所有者的阶级，采取自由贸易立场；而作为稀缺要素所有者的阶级，则采取一贯的贸易保护主义立场。[②]

20 世纪 90 年代以来迅猛发展的经济全球化的主要表现就是国际贸易的扩张。泰国从 20 世纪 80 年代以来，一直奉行出口导向型的经济发展模式，并已经深刻地融入世界经济体系之中。开放的国际贸易对泰国的经济、社会产生了深远影响。本文试图运用罗戈夫斯基这一出自阶层分析视角的社会联盟理论来分析国际贸易对泰国国内政治参与的影响。

---

① 杨国斌：《社会阶层论》，北京，中国社会科学出版社，2009，第 112 页。

② 迈克尔 · J. 希斯考克斯：《国际贸易与政治冲突：贸易、联盟与要素流动程度》，于扬杰译，北京，中国人民大学出版社，2005，第 62—65 页。

（二）研究变量与因果机制

本节结合罗戈夫斯基国际贸易与国内政治分化的相关理论和泰国的具体状况进行分析，首先进行变量的界定，并在此基础上深入阐释其因果机制。

沿着罗戈夫斯基的研究路径，本文进一步探讨基于要素禀赋的国际贸易对国内政治参与的影响。因此，本文将国内不同阶层参与国际贸易收益分配的变化作为自变量，分析其对因变量国内充裕要素所有者政治参与状况的影响。

本文研究的自变量是不同阶层参与国际贸易的收益分配的变化。参考罗戈夫斯基的研究方法，本文从泰国的要素禀赋状况来分析其不同阶层参与国际贸易的收益变化。对泰国要素禀赋的考察也按照罗戈夫斯基的方法，以土地、劳动力和资本三种要素来衡量。[①] 在《商业与联盟》中，罗戈夫斯基用每平方千米土地的人口数量（人口密度），辅之以每平方千米农业用地上的人口数量来衡量一国的劳动力和土地要素。本文沿用这一方法，以人口密度和人均可耕地面积来衡量泰国的土地—劳动力比。在衡量一国资本要素的状况时，罗戈夫斯基的方法是借助经济现代化、生产及工业化等相应指标通过推理得出。查尔斯·索耶和多米尼克·萨尔瓦多在各自所著的国际经济学教材中，都用资本与劳动的比率，即人均资本量来考察国家的资本要素充裕程度。[②] 此外，徐康宁、王剑在《要素禀赋、地理因素与新国际分工》一文中，曾用人均国内生产总值来衡量国家的资本要素禀赋状况。[③] 因此，本文借鉴以上方法，将人均资本量和人均国内生产总值两个指标相结合来衡量泰国的资本要素状况。在本文中，人均资本

① 仅以这三种要素禀赋的模型来衡量泰国的要素禀赋过于简单化，但基于这三种要素禀赋对国际贸易的考察已经足以对泰国国内政治变化状况进行分析。

② W. 查尔斯·索耶、理查德·L. 斯普林克：《国际经济学》，刘春生等译，北京，中国人民大学出版社，2010，第 64 页；多米尼克·萨尔瓦多：《国际经济学》（第 8 版），朱宝宪等译，北京，清华大学出版社，2004，第 103 页。

③ 徐康宁、王剑：《要素禀赋、地理因素与新国际分工》，《中国社会科学》2006 年第 6 期，第 65—77 页。

量通过资本形成总额，与人口总数的比来计算。资本形成总额，指常住单位在一定时期内获得的减去处置的固定资产（如出售、易货、转移的固定资产）加存货的净变动额，包括固定资本形成总额和存货增加。[①] 用人均资本形成总额可以准确地衡量世界各国和地区的资本要素充裕度。在指标选择的时间维度上，本文主要考察的是泰国自 20 世纪 80 年代以来在出口导向政策下大规模参与国际贸易时期的要素禀赋。

本文研究的因变量是不同要素所有者政治参与状况的变化。国际贸易对一国国内不同要素所有者产生了不同的影响，而不同要素所有者经济地位的变化又进一步改变了社会阶层的力量对比。国内社会阶层结构的变化深深地影响了国内政治进程。就劳动力要素充裕而资本和土地稀缺的落后国家而言，一方面，中下阶层经济实力的相对提升有助于平衡国家政治决策，抑制资本家和地主对政治权力的垄断；另一方面，不断增长的经济实力有助于提升劳动阶层的受教育水平、信息获取的能力，进而推动公民社会的扩大和成熟，提高其政治参与意识。根据泰国的具体状况，本文有选择地以政治结社[②]、社会运动和政治选举这三个方面来衡量其政治参与状况。在分析泰国政治参与水平变化的基础上，本文试图进一步论述政治参与对泰国民主化进程的影响。

对变量进行界定之后，接下来本文将通过运用罗戈夫斯基的社会联盟理论，探讨国际贸易与政治参与之间的因果机制，以此解释泰国的政治参与状况。

泰国是新兴民主国家，在民主转型进程中建立了竞争性的选举制度，这也是民主转型的最低标准。20 世纪 80 年代以来，泰国开始奉行出口导向型的对外贸易政策，对外贸易规模不断扩大，出口成为泰国经济的重要

① 固定资本形成总额是指常住单位购置、转入和自产自用的固定资产，扣除固定资产的销售和转出后的价值。它是指以货币表现的在一定时期内建造和购置固定资产的工作量以及与此有关的费用的总称。

② 本文考察的结社活动主要是指公民参加社团活动，即参加非营利性非政府组织，而政党活动则放在选举部分一起分析。

支柱。

就参与国际贸易的要素禀赋而言，泰国劳动力充裕，国际贸易的扩张改善了作为劳动力要素所有者的工人、城市贫民的经济状况，提高了他们的收入水平。随着经济状况的改善，阶层意识开始产生，中下阶层为了寻求更多的经济利益开始产生政治诉求。但是在政治现代化进程中形成的既得利益集团垄断了政治权力，中下阶层被排斥在政治权力的边缘。中下阶层为了自身利益开始了大规模的政治参与，并作为新兴政治力量开始在泰国国内政治中崭露头角。

从政治结社层面讲，中下阶层开始创建和参加各式各样的非政府组织，以组织形式来维护自身的经济利益，扩大其政治影响。大量产生的非政府组织具有广泛的议题范围，涵盖从环境保护、农村发展、农民教育、社会救济到社会平等、政治自由的各个领域。这些非政府组织对提高中下阶层的教育水平、促进中下阶层政治觉醒具有重要作用。非政府组织为维护其成员利益，通常组织专门人员代表其成员与政府进行交涉，这也是普通民众政治参与的重要形式。

从社会运动层面讲，中下阶层在其基本的政治诉求得不到满足时，为扩大和维护其政治利益，也会诉诸社会运动这种政治参与方式。王室、军方和官僚集团等传统精英对农民阶层及其盟友新兴产业集团的压制，催生了泰国的红衫军群众运动。

从政党选举层面讲，中下阶层在政治选举中开始具有明确的政治立场和倾向，开始通过选举发挥重大影响力。基本选举制度的建立为中下层民众提供了表达其利益诉求的渠道。随着中下阶层的政治觉醒，响应中下阶层诉求、代表中下阶层政治利益的政党在选举中频频获胜，并开始上台执政。

随着新政治力量的兴起，国内的政治格局开始发生根本性转变。旧的制度性联盟和新的社会力量之间的碰撞也因而成为泰国民主进程中的主要问题。泰国政局动荡的根本原因，是以王室和军队为代表的传统精英阶层与逐渐崛起的中下阶层之间缺乏妥协。这两种政治力量的斗争，也最终决定了泰国的政治发展和走向。

三　泰国的要素禀赋与国际贸易结构

一国的国际贸易结构很大程度上取决于该国的要素禀赋状况。本部分首先分析泰国的土地、资本、劳动力要素禀赋状况，在此基础上通过分析泰国的对外贸易依存度和出口商品结构来考察其国际贸易结构。

（一）泰国的要素禀赋

对泰国要素禀赋构成的分析需要结合其主要贸易国进行比较分析。泰国的主要贸易伙伴是中国、欧盟、日本、美国和中国香港。2012 年，泰国对中国的出口占其出口总额的 12%，对欧盟 27 国的出口占其出口总额的 10.6%，对日本的出口占其出口总额的 10.5%。2012 年，泰国对中国、欧盟、日本、美国等前五位贸易伙伴的出口约占其出口总量的 50%（见表 3）。以下将从土地—劳动力要素状况、资本要素状况两个方面对泰国的要素禀赋结构进行分析。

表 3　泰国 2012 年主要出口地区

以目的地分的泰国出口构成	比例(%)
1. 中国	12.0
2. 欧盟 27 国	10.6
3. 日本	10.5
4. 美国	9.6
5. 中国香港	7.2

数据来源：根据世界银行数据整理。

首先分析泰国的土地—劳动力要素禀赋状况。2000 年，世界平均人口密度为每平方公里 47 人，泰国为 122 人。泰国主要贸易伙伴美国的人口密度为 31 人，澳大利亚为 2 人，俄罗斯为 9 人，西班牙为 81 人，法国为 111 人，葡萄牙为 112 人。与其主要贸易伙伴相比，泰国的人口密度要高很多①（见表4）。由此可初步判断泰国的土地—劳动力比较低，劳动力要素充裕而土地要素稀缺。

通过对泰国人均可耕地面积的分析可以进一步检验泰国的土地—劳动力要素状况。2010年，泰国的人均可耕地面积为2373平方米，比世界平均水平2030平方米略高一些。其主要贸易伙伴的人均可耕地面积分别是，加拿大为12800平方米，俄罗斯为8400平方米，乌克兰为7100平方米，美国为5200平方米，丹麦为4400平方米，法国为2800平方米，它们都高于泰国的人均可耕地面积（见图1）。由此可以进一步判定泰国的土地—劳动力要素结构为土地稀缺而劳动力充裕。

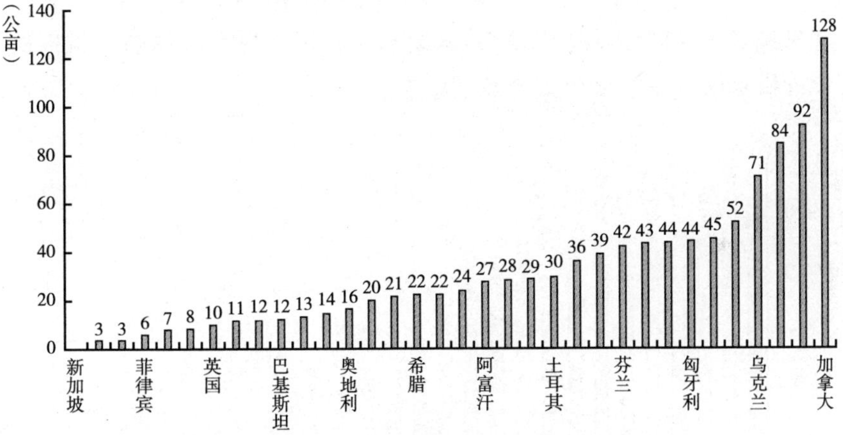

图1　2010年世界主要国家人均可耕地面积

数据来源：根据世界银行数据整理制作。

在考察泰国的土地—劳动力要素禀赋状况的基础上，还要进一步分析泰国的资本要素禀赋状况。首先按照人均资本形成总额指标来分析泰国的资本要素状况。1990—2000年，泰国的人均资本形成总额从624美元上

① 在对泰国的劳动力—土地要素进行比较分析时，中国和日本是需要单独分析的两个国家。中国目前经济总量居世界第二，国内市场规模较大，市场需求较大，与泰国的贸易也主要基于产品差异性的劳动密集型产业内贸易。而日本身为岛国国土面积狭小，虽然人口密度相对较高，但是与其雄厚的资本和技术实力相比，劳动力并不具备比较优势。

升至 2010 年的 1246 美元，但仍然低于 1990 年的 1215 美元和 2010 年的 2900 美元的世界平均水平（见表 5）。

与其主要贸易伙伴中国、日本和美国相比，泰国的人均资本形成总额也相对较低。2010 年，中国的人均资本形成总额为 1979 美元，美国为 9988 美元，日本为 8591 美元，英国为 5476 美元，法国为 7560 美元，均远高于泰国的 1246 美元。因此可以判定，与世界主要国家和地区相比，泰国属于资本稀缺的国家，在罗戈夫斯基的分析框架中即属于落后国家。

用人均国内生产总值可以进一步验证泰国的资本要素构成。2010 年，泰国的人均国内生产总值为 4803 美元，远低于其主要贸易伙伴美国的 48358 美元、日本的 43118 美元、法国的 39186 美元和西班牙的 29538 美元（见图 2）。综合人均资本形成总额和人均国内生产总值两个指标的分析，可知泰国属于资本要素稀缺的国家。

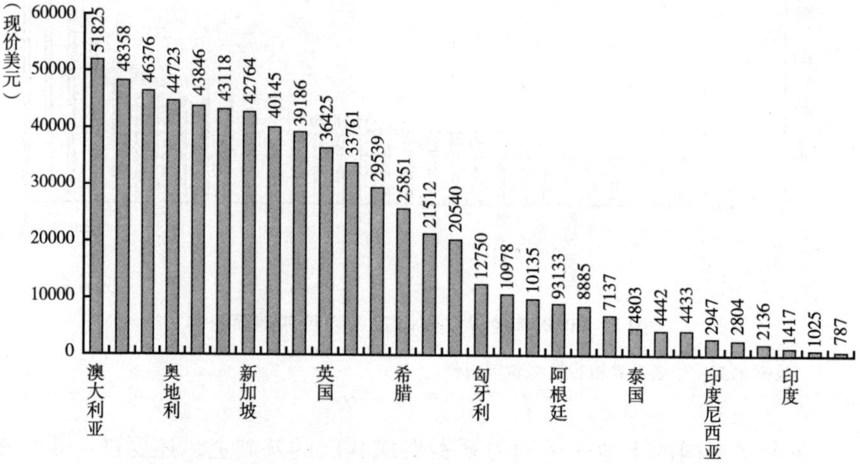

图 2　2010 年世界部分国家人均国内生产总值

数据来源：根据世界银行统计数据整理。

综上所述，泰国的要素禀赋结构为资本和土地稀缺，而劳动力相对充裕。在罗戈夫斯基的模型中属于第四类（见表 1 右下），属于劳动力充裕但资本和土地稀缺的落后经济体。

（二）泰国的国际贸易结构

通过对泰国的外贸依存度和出口商品结构进行分析可以得出其国际贸易结构的整体状况。泰国从1972年就开始实行出口导向的经济政策。受益于主要发达国家的产业转移，泰国经济在20世纪八九十年代取得高速发展。泰国经济的高速增长与对外贸易紧密相关。从80年代中期开始，泰国的对外贸易依存度开始提高。1986年，泰国的对外贸易依存度为49.17%，1995年为90.43%，到2008年已经上升到150.33%，而同期世界水平仅为59.69%。自2004年以来，泰国的对外贸易依存度在140%的水平上下浮动，是世界平均水平的2.5—3倍（见图3）。由此可见国际贸易对泰国经济发展的重要影响。

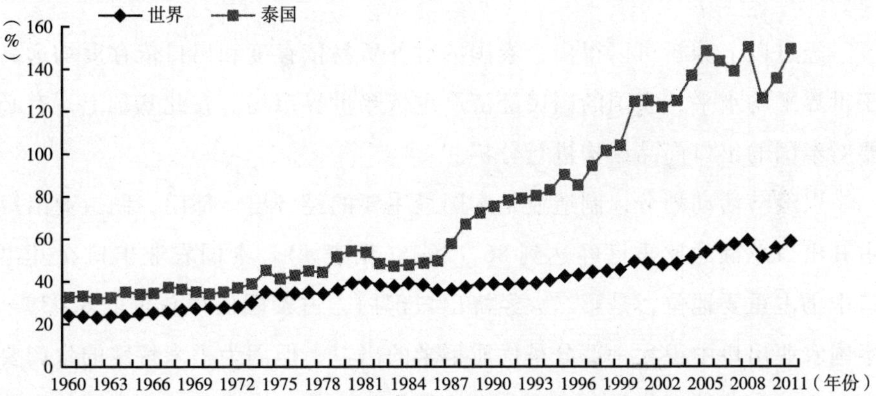

图3　泰国对外贸易依存度（进出口总额/国内生产总值）

资料来源：根据世界银行数据整理制作。

在出口导向经济政策下，出口是拉动国内经济增长的关键因素。自20世纪80年代以来，泰国的出口依存度也随其参与国际贸易的程度不断提高。1983年，泰国的出口依存度与世界水平持平，为20.11%。2001年，泰国的出口依存度已经上升为65.86%，到2011年已经上升到76.94%（见图4）。自2000年以来，泰国的出口依存度在70%的水平上下浮动，是世界平均水平的2.5—3倍。由此可见，泰国的出口依存度极高，其经济高度依赖世界市场。

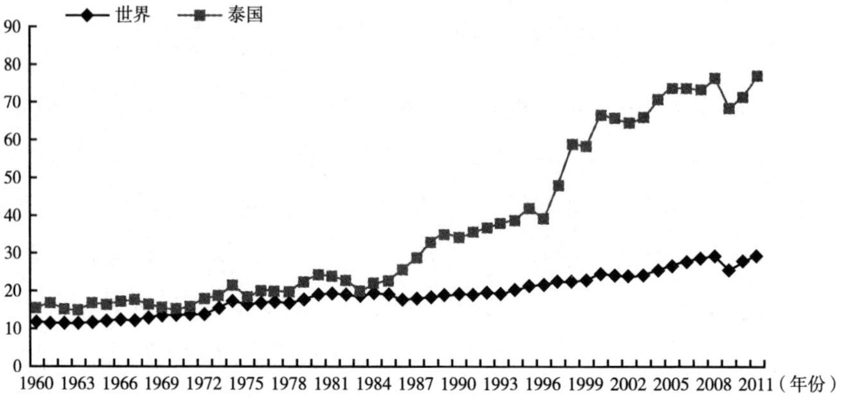

图 4　泰国出口依存度（货物和服务出口总额/国内生产总值）

资料来源：根据世界银行数据整理制作。

经过以上分析可以得出，泰国的对外贸易依存度和出口依存度均远高于世界平均水平，泰国的国民经济严重依赖世界市场。在此基础上，有必要对泰国的出口商品结构进行分析。

以经济活动划分，制造业是泰国最主要的经济出口部门，制造业出口占其出口总额的比重已经达到 86.15%（见表 4）。泰国农业出口在其出口中仍占重要地位，是第二大经济出口部门，占泰国出口总量的 8.03%。泰国农业出口中很大一部分是优质稻米的出口，但因为稻米特殊的生产要求，应归为劳动密集型产品而非土地密集型产品。由此可见，泰国的主要出口经济部门是劳动密集型的制造业和农业。

在出口占比最高的制造业出口中，电子产品加工、汽车制造、农产品加工、石油化工产品、服装织造是主要构成。2012 年，泰国电子产品加工业出口为 330 亿美元，占泰国制造业出口总量的 16.7%；农业加工产业出口为 286 亿美元，占比 14.6%；汽车类产品（包含轮胎等橡胶制品）出口为 293 亿美元，占比 14.8%。由泰国制造业出口结构可以看出，泰国在国家贸易分工中的比较优势是以劳动力要素为基础的农业、农产品加工业和中低端制造业。

表4　泰国2012年出口构成（以经济活动分）

经济部门	价值(百万美元)	比重(%)
制造业	197737	86.15
农业	18442	8.04
其他出口	7339	3.20
林业	2853	1.24
采矿业	2057	0.90
渔业	1086	0.47
全部	229514	100

数据来源：根据泰国中央银行数据整理。

泰国充裕的劳动力要素禀赋决定了其参与国家贸易的国际分工。随着国际贸易的扩张，泰国劳动密集的农业、农产品加工业和制造业取得较大发展，作为劳动要素所有者的农民和工人的收入也随之提高。占人口多数的中下阶层经济地位的改变也成为泰国国内政治变革的经济根源。

四　国际贸易扩张与农民阶层经济状况改善

二战之后，泰国的经济发展战略经历了从进口替代到出口导向的转变。1954—1971年，泰国实行的是进口替代的经济发展战略。1954—1957年，泰国政府大力扶持国营经济的发展，设立了几乎涵盖国家主要领域的几百家国营企业，为国民经济的发展打下了一定基础。1957年之后，泰国开始鼓励私营经济的发展，实行由民间主导的进口替代战略，泰国的农产品加工业、纺织业和制造业等轻工业迅速发展。到60年代末，进口替代的弊端逐渐暴露，已经无法满足泰国经济进一步发展的需求。从1972年开始，泰国政府开始实行出口导向的经济发展战略，促进企业出口，积极融入世界经济。自此出口开始成为泰国经济增长的强劲动力。

农产品出口是泰国出口的重要组成部分。1978年，泰国最主要的15类出口产品中，有十类是农产品，其中最主要的是木薯、大米和橡胶。至

2001 年，虽然出口的农产品数量有所下降，仍有五类是农产品及周边产品（见表 5）。泰国最主要的出口农产品为大米和橡胶。与其他农业类型相比，水稻和橡胶的种植生产过程比较复杂，所需要的劳动强度比较大，属于劳动密集型产业。橡胶和大米出口是泰国基于要素禀赋和比较优势在长期的贸易实践中的选择，这两种产品的商品化程度很高，泰国每年橡胶产量的 90%、大米产量的 50% 用于出口。相比于其他新兴经济体，泰国农产品出口占总出口额的比例要高很多。

表 5　1978 年和 2001 年泰国主要出口产品排名

单位：百万泰铢

1978 年		2001 年	
1. 木薯	10837	1. 电脑、零件	493450
2. 大米	10403	2. 服装	133002
3. 橡胶	8020	3. 汽车	101252
4. 锡	7225	4. 罐装鱼等	82811
5. 纺织品	6863	5. 塑料聚合物	73932
6. 玉米	4215	6. 宝石	66631
7. 糖	3913	7. 大米	65516
8. 电子电路	2148	8. 橡胶	60742
9. 宝石	1709	9. 虾、龙虾	20268
10. 冷冻虾	1448	10. 橡胶制品	42015
11. 豆类	1342	11. 家具	36793
12. 高粱	1195	12. 纺织物	34213
13. 烟草	1148	13. 鞋类	33478
14. 冷冻鱿鱼	1019	14. 电动马达	32431
15. 钨	945	15. 变压器	32013

数据来源：泰国国家统计中心，转引自戴维·K. 怀亚特《泰国史》，郭继光译，东方出版中心，2009，第 307 页。

出口导向的经济发展战略推动了泰国农产品的出口和农业的增长。1971 年，泰国的农业产值仅为 18 亿美元，到 1990 年上升到 107 亿美元，到 2012 年已达 449.04 亿美元，增长了近 25 倍（见图 5）。虽然泰国农业占其国内生产总值的比例因工业生产的扩张而在下降，但仅从农业部门来看，泰国的农业取得了突飞猛进的发展。

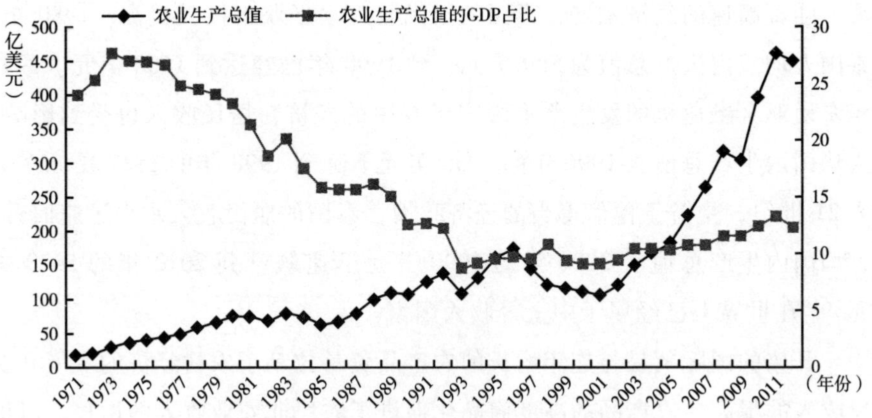

图5　泰国农业生产总值及占国内生产总值的比重

数据来源：根据世界银行数据整理制作。

农业是泰国就业人口最多的经济部门。1960 年，泰国农业产值约占国内生产总值（GDP）的 40%，农业从业人口占劳动力总数的 85%。1995 年，农业产值占国内生产总值的 11.2%，但农业劳动力却占劳动力总数的 51.3%。到 2003 年，泰国农业产值已经达 139.6 亿元，占国内生产总值的 10.2%，却拥有约 1388 万的从业人员，占劳动力总数的 39.8%。到 2010 年，泰国农业的 GDP 占比小幅回升至 12.4%，约有 1580 万从业人员，占劳动力总数的 41.3%。可见，随着泰国工业化的发展，虽然农业产值在国内生产总值中的比重在逐年下降，但农业仍然是泰国最主要的就业部门。从就业角度讲，工业的发展越来越趋向于采用更高的技术设备而雇用更少的劳动力，从业人员远低于农业部门。从 2004 年泰国劳动力就业情况来看，约有 39.8% 的劳动人口从事农业生产活动，服务业和零售业占 13.6%，工业相关从业人员仅占 10.9%。①

泰国出口导向型经济发展战略顺应了发达国家产业转移的经济发展趋势，大量从发达国家转移出来的中低端制造业极大拉动了泰国经济的发

① 数据来源：Thailand National Statistical Office, *Statistical Yearbook of Thailand* 2004, p. 71。

展。随着高速的经济发展，泰国的国民收入水平获得极大提高。1980 年，泰国人均国内生产总值为 589 美元，到 1990 年已经达到 1508 美元。1997 年东南亚金融危机的发生严重影响了泰国的经济，居民收入也受到影响，人均国内生产总值从 1996 年的 3055 美元下降到 1998 年的 1837 美元。进入 21 世纪，受益于他信得当的经济政策，泰国的居民收入水平迅速回升，人均国内生产总值从 2000 年的 1990 美元迅速飙升到 2012 年的 5479 美元，① 在世界上已经属于中上等收入国家。

开放的国际贸易与连年增长的农产品贸易拉动了农村经济的发展和农民收入的提高。农产品的高度商品化促进了农民非农业收入的增长。以出口为导向的农业生产带动了与之相关的农产品加工业、家庭手工业、运输业的发展，许多农民种植农作物之余还从事其他经济活动以增加收入。泰国农村社会发展的一个重要表现就是农村绝对贫困数量的减少。1988—2010 年，泰国生活在贫困线以下的人口从 65% 下降到了 17%，到 2011 年为 13.2%，② 底层民众的生活水平有了很大提高。

从区域上看，泰国北部和东北部农村的家庭年平均收入低于中部和南部（见表 6）。从农村地区家庭收入的整体上看，泰国农村家庭的平均收入已经远高于国家贫困线，经济状况有了很大改善。

表 6　泰国收入分配数据

单位：泰铢

	家庭月平均收入	家庭年平均收入	家庭年平均贫困线	平均家庭大小
泰国	18660	223920	57143	3.3
曼谷	35007	420084	79296	3.2
中部农村	15586	187026	59674	3.2
北部农村	12977	155719	53456	3.1
东北部农村	13828	165940	62726	3.6
南部农村	14593	175121	62832	3.5

① 数据来源：世界银行数据库，http://datacatalog.worldbank.org。

② 数据来源：世界银行数据库，http://datacatalog.worldbank.org。

续表

	家庭月平均收入	家庭年平均收入	家庭年平均贫困线	平均家庭大小
城市	28005	336060	65472	3.2
非城市	14307	171684	54386	3.4
拥有土地的农民	12488	149856	54386	3.4
佃农	12046	144552	54386	3.4
农业工人	9759	117108	54386	3.4

数据来源：National Statistical Office, *Report of The* 2007 *Household Socio-Economy Survey*，转引自 Walker, Andrew. Thailand's Political Peasants: Power in the Modern Rural Economy. University of Wisconsin Pres, 2012。

随着经济条件的改善，泰国农村社会发生了很大变化。农村公路网基本形成，交通和运输条件有了很大提高。收入的增加也推动了农村医疗卫生和教育事业的发展。自20世纪70年代以来，泰国的小学入学率有了很大提高，中学入学率也由1980年的28%提高到2012年的87%（见图6）。在交通条件改善、印刷出版物增多、新型传媒发展以及进城务工人员城乡互动等因素的共同作用下，泰国农民阶层的视野不断开阔，知识不断增长，已经不再是被泰国中上阶层认为的缺乏政治参与能力的“下等人”了。

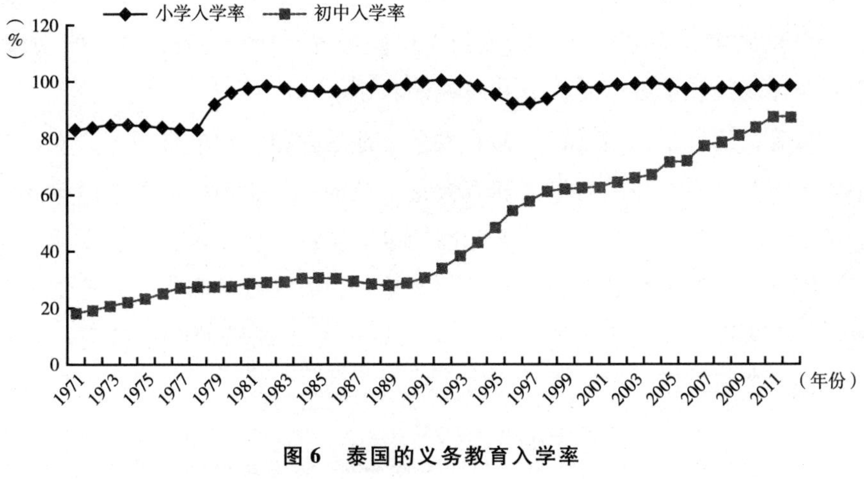

图6 泰国的义务教育入学率

数据来源：根据世界银行数据库整理制作。

五　泰国农民阶层的政治参与

泰国自 20 世纪 70 年代以来实行出口导向的经济政策，开始积极融入世界经济体系中。此后，泰国参与国际贸易的规模急剧增大，对外贸易的依存度也随之增大。随着国际贸易的开展，泰国具有要素禀赋优势的劳动密集型产业，尤其是农产品加工业发展迅速，农产品也成为泰国出口的重要组成部分。随着经济状况的改善，占人口多数的农民、城市贫民等中下阶层的政治视野得到拓展，政治意识开始觉醒。

在泰国现代化进程当中，形成了以王室、军队和传统商业精英为代表的既得利益集团，他们垄断着国家的政治权力和社会财富的绝大部分，在国家政治和经济生活中竭力维护其既得利益。而占总人口 70% 的农民则长期在国民经济中处于边缘地位。在国家政策上，泰国长期奉行的是重城市轻农村的发展路线，以农业促工业的工业化进程使工业集中的城市获得了极大的发展，同时也扩大了城乡之间的差距。泰国 85% 的工业集中在曼谷及其周边地区，而占全国总人口一半的北部和东北部，仅有不足 12% 的工业。[①] 20 世纪 90 年代，曼谷及其周边城市的人口仅占人口总数的 15%，但却占总收入的 48%。1992 年，泰国最富有的 20% 的人口控制了 54% 的财富，而最贫穷的 20% 的人口则仅占有社会财富的 5%。[②] 农村和农业在泰国长期处于受压制和歧视的状态。

随着政治意识的增强，在拥有大量土地的种植大户的带领下，农民开始重视涉及自身利益的政策。拥有大量土地的农民也因而成为农民阶层政治意识觉醒的先锋。政治上逐渐觉醒的中下阶层迫切要求分享被军队、王室、官僚阶层等既得利益集团垄断的政治权力。为维护和扩大其经济政治权益，以农民阶层为代表的中下阶层开始进行大规模的政治参与。在泰

① 周方冶：《泰国政局持续动荡的社会根源》，《学习月刊》2008 年第 19 期，第 38—40 页。

② 世界银行数据，http：//databank. worldbank. org/data/views/variableselection/selectvariables. aspx? source = world – development – indicators#。

国，中下阶层政治参与的主要形式表现为参加非政府组织、进行红衫军群众运动和参加政党选举。

（一）农村非政府组织的发展

随着工业化的推进，高度发展的城市经济开始与农村争夺土地、水、森林等经济资源。从20世纪60年代开始，一些政治上活跃的人开始组建民间组织，围绕环保问题进行宣传教育，并组织农民开展抗议活动。各式各样的非政府组织对环保、贫困等社会问题的关注也带动了泰国农村地区的民主启蒙和政治动员。1990年，泰国从事农村发展类的正式的非政府组织已经有250多个。[①] 泰国农村发展类非政府组织的活动领域比较广泛，主要有农业发展、农村医疗、农民教育、少数民族等。农村地区非政府组织一方面通过对农村发展议题的宣传和教育提高了农民的政治参与意识，另一方面通过组织抗议活动进行了农民政治参与的实践。

农村发展类非政府组织为泰国的农村教育事业做了很多贡献。1969年，普义·翁帕功创建了“泰国皇家援农基金会”（TRRM），关注农村的贫困与发展问题，该基金会的工作主要集中于发展农民职业技能，是第一个真正意义上的农村发展类非政府组织，成为此后农村相关非政府组织的楷模。1981年，“农民媒体计划”成立，主要致力于农村的社区发展和农民教育。此外，还有“教育与发展进步媒介团体”“和平与发展计划”“农村恢复基金会”“农民学院计划”等许多致力于农村教育的非政府组织。[②] 这些非政府组织在农民中发展教育的同时，也推动了民主意识的传播，推动了农民阶层政治意识的觉醒。

关注农村发展和农民贫困的非政府组织则在提升农民维权意识、组织农民表达政治诉求方面发挥了重要作用。这类非政府组织有“农业改革与农村发展计划”“农村发展研究基金会”“农村发展志愿者社团”“农

---

① 万悦容：《泰国非政府组织》，北京，知识产权出版社，2013，第73页。

② 万悦容：《泰国非政府组织》，北京，知识产权出版社，2013，第76页。

村生活发展计划”“雨滴协会”“穷人议会”等。比较典型的有“泰国农村发展全国协调委员会”和“穷人议会”，这两个组织在表达农民利益诉求和组织农民进行抗议活动上做了许多工作。

1985 年，协调农村非政府组织关系的“泰国农村发展全国协调委员会”成立。该委员会曾多次参与政府农业政策的制定工作，是表达农民利益诉求的重要渠道。1992 年，在非政府组织和大户农民的带领下，数千农民走进城市街道抗议政府的土地重新安置计划。1995 年，主要关注贫穷和农村可持续发展问题的“穷人议会”（Assembly of the Poor）成立。这是一个全国性的协调机构，主要关注受大坝项目影响的农民、森林与土地冲突、城市贫民等弱势群体、反对政府占用公有土地、替代农业问题、职业与环境污染等几个领域。为敦促政府重视和解决农业与农民问题，“穷人议会”组织农民发动了多次抗议活动。[①] 为表达对大米价格下跌和农民的债务问题的不满，“穷人议会”于 1996 年组织上千农民进入城市抗议，又于 1997 年组织约 2 万人在城市进行了为期 99 天的抗议活动，最终迫使政府退让，达成了相关协议。

泰国非政府组织的特点在于，它们不仅作为民间团体在各领域内从事与发展事业相关的活动，而且还通过各种网络，形成了集体行动的策略，从而对政府和某些商业机构的不合理政策和措施造成持续性的挑战。[②]

（二）以农民为主要构成的红衫军运动

2006 年 9 月 19 日，在官僚阶层、传统产业集团、官僚阶层、保守的城市中产阶级的支持和王室的默认下，泰国陆军将领颂提发动政变，推翻了实行民粹主义惠农政策的民选的他信政府。这引发了以北部和东北部农民和城市贫民为代表的在他信执政期间获益的中下阶层的不满。

---

① 万悦容：《泰国非政府组织网络与政府互动关系——以穷人议会的政策参与为例》，《云南社会主义学院学报》2012 年第 6 期，第 254—256 页。

② 龚浩群：《泰国的非政府组织与公民社会的演进》，张蕴岭、孙士海主编《亚太地区发展报告 No. 8》，北京，社会科学文献出版社，2008，第 228 页。

2006年9月，作为军事政变的直接后果，支持他信的“反独裁民主联盟”（National United Front of Democracy Against Dictatorship，俗称“红衫军”）成立，主要领导人为纳塔武（Nattawut Saikua）、温格（Weng Tohjirakam）和乍都蓬（Jatupom Promphan）。“红衫军”的主体成员是泰国北部和东北部的农民、城市贫民以及不满于军队精英和王室控制泰国政治的新兴产业精英。自成立以来，为反对军人临时政府、对抗黄衫军，反独裁民主联盟举行了多次游行示威活动。以外府（曼谷以外的省份）农民为主要构成的红衫军群众运动开始在泰国政治发挥影响，表明民众的力量已经从泰国几十年的精英统治的阴影中走了出来。①

2006年9月军事政变后，成立了以素拉育为总理的临时政府。红衫军在2006—2007年以反对政变和军人政府为目标，组织了多次抗议示威。它们不承认军人政府的合法性，要求解散国会，重新举行大选。迫于压力，临时政府于2007年举行大选，结果是由泰爱泰党发展而来与红衫军有紧密联系的人民力量党上台执政，红衫军停止了抗议活动。

2007年12月，亲他信的沙马政府成立。在选举中受挫的代表传统精英的民主党不甘失败，组成由王室支持者、军官、商人、中产阶级等构成的黄衫军于2008年5月开始进行大规模抗议，指责沙马政府是他信的傀儡。针对黄衫军的抗议示威，红衫军举行了针锋相对的反示威活动，支持亲他信政府。9月，反政府的黄衫军和支持政府的红衫军爆发大规模冲突，造成3人死亡，20多人受伤。

2008年12月，人民力量党被宪法法院判定在选举中舞弊而被解散，代表传统势力的民主党主席阿披实上台执政，这引发了红衫军的又一轮大规模示威。2009年2—4月，红衫军多次举行大规模反政府示威，指责阿披实政府是在军队和司法机构等非民主的精英集团的支持下非法取得政权，要求解散国会，举行新的大选。② 在2010年4—5月的示威活动中，

---

① Jim Taylor, “Remembrance and Tragedy: Understanding Thailand's ‘Red Shirt’ Social Movement,” *Journal of Social Issues in Southeast Asia*, Vol. 27, No. 1, April 2012, pp. 120 - 152.

② 张锡镇、宋清润：《泰国民主政治论》，中国书籍出版社，2013，第251页。

阿披实政府在军方支持下，发动武力镇压红衫军示威活动，造成 84 人死亡，约 1800 人受伤，红衫军运动暂时受挫。此后，红衫军又多次举行街头集会进行抗议，指责阿披实政府非民选政府。迫于各方的压力，阿披实于 2011 年 5 月解散国会，提前举行大选。

在 2011 年选举中，红衫军的政治联盟、亲他信的为泰党赢得选举，他信妹妹英拉出任泰国总理。2013 年 10 月，英拉推动的特赦法案引发黄衫军的又一轮大规模抗议活动。11 月，支持英拉政府的红衫军在曼谷一个球场集会，抗衡黄衫军的反政府示威。2014 年 4 月 5 日，为应对黄衫军持续的反政府示威，红衫军组织约 10 万人在曼谷举行大规模集会，以表示对看守政府和英拉的支持。①

因为缺乏表达他们的状况和损失的语言，红衫军在示威活动中就以他信的名字来代替。“他信”已经成为中下层民众共享的具有独特意义的文化体系，即建立和维持惠及中下阶层的公正的经济和社会秩序。② 纵观这八年来的红衫军群众运动，虽然有小规模的暴力冲突，但多数情况下是和平抗议活动。红衫军的政治诉求也主要是解散非民选的政府，进行全国大选以及声援民选政府。

红衫军运动是冷战之后泰国最重要的社会运动之一，第一次从根本上挑战了精英阶层有关社会秩序和社会规范的认知根基。这种社会运动也赋予了在政治生活中没有发言权的农民阶层和城市贫民表达其话语的平台。红衫军的抗议活动也多次迫使传统精英支持的非民选政府提前解散议会，重新组织大选，这体现了占人口多数的农民阶层在政治上的胜利。

（三）农民在选举中对亲他信政党的支持

泰国农民阶层作为占国内人口多数的阶层，最重要的政治参与途径

① 邓晨曦：《泰国红衫军结束集会，月底或举行新一轮示威》，国际在线，http://gb.cri.cn/42071/2014/04/08/7371s4494607.htm。

② Jim Taylor, “Remembrance and Tragedy: Understanding Thailand's ‘Red Shirt’ Social Movement,” *Journal of Social Issues in Southeast Asia*, Vol. 27, No. 1, April 2012, pp. 120 – 152.

就是选举。也正是通过选举，农民阶层在泰国政治中开始发挥重要的影响力。在他信的泰爱泰党出现之前，选举对农民而言不过是换取几百泰铢收入的一次性买卖。贿选的盛行也导致历届民选政府对农民问题的长期忽略，因此，虽然农民阶层拥有人数优势，但在政治力量上属于缺乏有效组织的绝对劣势。尽管农民群体在泰国选民中占据压倒性优势，但长期以来却在政治中始终保持沉默，其中很重要的原因，就是缺乏有效的政治动员和组织渠道，使得形同散沙的农民群体难以凝聚成为统一的政治力量。[①]

他信·西那瓦与泰爱泰党（1998—2006 年）的出现改变了这一局面。1998 年 7 月，他信申请成立了泰爱泰党。作为新兴产业成功商人的他信拥有高超的组织管理技能，他将现代化的企业管理经验运用到政党组织中来，极大提高了政党在宣传拉票上的运作效率。有着深远政治眼光的他信意识到占人口大多数的农民在政治上拥有强大的潜力。泰爱泰党树立务实改革的形象，深入农村建立基层政党组织，制定亲农民的政治竞选纲领，尽可能地取得农民阶层的认可。

他信领导的泰爱泰党的政治纲领主要包括：发展金融市场和资本市场，重组国家经济和债务；发展教育，解决失业问题，富裕农民；铲除毒品，铲除腐败；改革医疗卫生体系。[②] 他信的竞选纲领宣称要惠及大商人、中小企业主、中产阶级和广大农民等社会各个阶层，但是其重点仍然放在超过半数选民的农民身上。为此，他信提出了“百万泰铢乡村基金”“30 铢治百病”计划等一揽子农村发展政策，而不仅仅是为农民提供一次性的几百泰铢的贿选金。他信的新纲领在腐败现象严重、经济增长乏力的背景下吸引了大量的农民选票，成功地赢得了大选（见表 7）。

① 周方冶：《泰国政治持续动荡的结构性原因与发展前景》，《亚非纵横》2014 年第 1 期，第 54—64 页。

② 张锡镇、宋清润：《泰国民主政治论》，中国书籍出版社，2013，第 108 页。

表 7　泰国 2001 年大选数据

以地区分的议席	曼谷	中部	北部	东北部	南部	选区席位	比例席位	总席位
泰爱泰党	29	47	54	69	1	200	48	248
民主党	8	19	16	6	48	97	31	128
泰国党	0	21	3	11	0	35	6	41
新希望党	0	3	1	19	5	28	8	36
国家发展党	0	4	2	16	0	22	7	29
自由正义党	0	0	0	14	0	14	0	14
公民党	0	1	0	1	0	2	0	2
祖国党	0	0	0	1	0	1	0	1
社会行动党	0	0	0	1	0	1	0	1
选区议席总数	37	95	76	138	54	400	100	500

数据来源：转引自 Chanintira na Thalang，“Parliamentary Elections in Thailand，July 2011，” *Electoral Studies* Vol. 31，No. 3，2012，pp. 633－636。

从 2001 年泰国大选的选票统计来看，泰爱泰党的选票主要来自以农村人口为主的北部和东北部地区，分别获得北部选区席位的 71% 和东北部席位的 69%，而在城市化水平较高的南部和中部则支持率较低。农民阶层的支持是泰爱泰党赢得大选的关键因素。

2001 年他信上台执政后，积极兑现竞选承诺，大力推行具有民粹主义性质的“草根惠农”政策，以进一步巩固其选举联盟。此外，他信政府还在全国继续推行土地改革计划，向拥有大量土地但未利用者征税，同时将荒芜土地分发给无地农民耕种。① 为实行这些计划，政府拨款约 2834 亿泰铢，实现对农民的政策性再分配。“百万泰铢乡村基金”“30 铢治百病”“一村一特产”“暂缓农民三年债务”等一系列草根惠农政策使农民获得了实际利益，推动了农村的发展。他信当政 5 年，农民收入提高了 60%，人均 GDP 增长了 70%，生活在贫困线以下的人口也从 2000 年的

① 他信草根经济政策的具体方案参见刘志杰《泰国总理他信传奇》，北京，世界知识出版社，2005，第 120—144 页；陈利《从泰国前总理他信治国政策解读泰国政治风波》，《东南亚纵横》2009 年第 7 期，第 35—38 页；段立生《他信政府与泰国经济复苏》，《东南亚纵横》2003 年第 3 期，第 21—24 页；田禾、周方治《列国志：泰国》，北京，社会科学文献出版社，2009，第 119 页。

1270万降低到了2004年的710万。①

他信的一系列政策给农民带来了实际收益，泰国农民开始不遗余力地支持他信。在2005年选举中，泰爱泰党获得61.1%的选票和500议席中的376个，他信也成为首个任满4年并获得连任的民选总统。在以农民为主的北部和东北部地区，泰爱泰党获得了选举的绝对胜利，获得了北部选区76个席位中的70个，比2001年增加了18个席位；获得东北部选区136个席位的126个，比2002年增加了42个席位（见表8）。

表8 泰国2005年大选数据

议席	北部	东北部	中部	南部	曼谷	比例议席	总席位
泰爱泰党	70(+18)	126(+42)	79(+35)	1(NC)	32(+4)	67(+19)	375(+126)
民主党	5(-12)	2(-3)	8(-12)	52(+4)	4(-5)	25(-6)	96(-34)
泰国党	0(-3)	6(-5)	11(-8)	1(+1)	1(+1)	8(+2)	26(-13)
伟大人民党	1	2	0	0	0	0	3
总数	76	136	97	54	37	100	500

数据来源：Angus Reid，"The Nation and Adam Carr's Electoral Archives,"转引自wikipedia，http://en.wikipedia.org/wiki/Thai_general_election，_2005。

但是，他信的一系列草根政策在密切了农民阶层与政治权力联系的同时，也深化了泰国的社会分裂程度。他信偏向农民的草根经济政策给城市中产阶级等团体造成了相对被剥夺感，略显急躁的一系列改革也侵犯了王室、军人集团、传统产业集团等既得利益集团的利益，招致他们的联合反对。这些在1992年反独裁运动中发挥中坚力量的中产阶级，在拥有相对优势的经济和社会地位之后，逐渐站在了民选政府的对立面。

但是，经过他信执政期间的政治动员，农民阶层作为一股政治力量已经觉醒。泰爱泰党在农村建立的广泛的基层政党组织在历次选举中的政治宣传选举动员，极大提高了农民的政治参与热情，该党在泰国国会大选的投票率也在逐年增加（见图7）。

① 《文汇报：他信输在哪里》、《他们渴望分享权力》（《新京报》2010年5月23日），转引自张锡镇、宋清润《泰国民主政治论》，第253页。

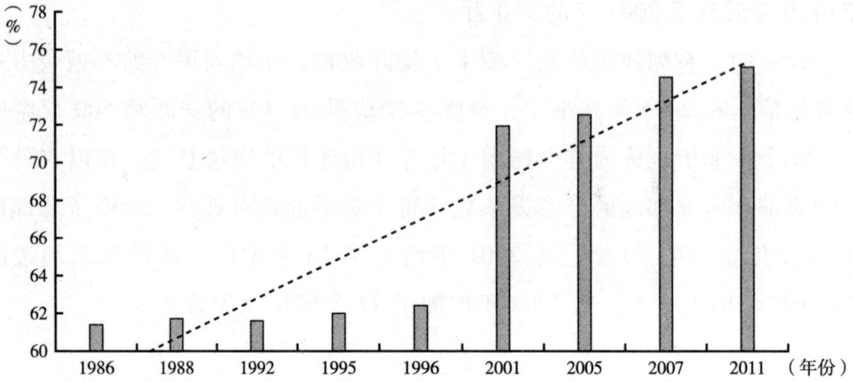

图 7　泰国国会大选投票率 1986—2011 年

数据来源：根据泰国国家数据中心（http：//web. nso. go. th/index. htm）数据和 na Thalang，Chanintira：The Parliamentary Election 2011 * 文中数据整理。

* Chanintira na Thalang，"Parliamentary Elections in Thailand，July 2011，" *Electoral Studies*，Vol. 31，No. 3，2012，pp. 633 - 636.

分地区而言，泰国曼谷地区、东部地区和北部地区投票率的提高最为显著。1986 年，曼谷地区投票率仅为 38. 1%，到 2005 年已经提升到 71. 2%。东部地区的投票率也从 1986 年的 55. 5% 提升到 2000 年的 69. 9%。1986 年，泰国北部选民投票率仅为 65. 8%，到 2005 年已经上升到 76. 4%（见表 9）。

表 9　泰国大选投票率（1986—2005）

单位：%

地区	1986 年	1988 年	1992 年	1995 年	1996 年	2000 年	2005 年
曼谷	38. 1	37. 5	47. 4	49. 8	48. 9	71. 7	71. 2
中部	57. 3	58. 6	58. 8	62. 6	63. 4	75. 3	79. 1
东部	55. 5	57. 8	58. 9	62. 9	66. 1	69. 9	..
西部	57. 2	56. 0	59. 2	65. 8	68. 3	74. 6	..
北部	65. 8	69. 1	63. 9	64. 3	65. 6	73. 3	76. 4
东北部	73. 7	77. 6	67. 8	63. 2	63. 2	68. 0	72. 0
南部	61. 0	63. 8	60. 1	63. 4	60. 9	76. 5	77. 0
全国	61. 4	63. 6	61. 6	62. 0	62. 4	71. 9	72. 5

数据来源：转引自 Croissant，Aurel，and Jörn Dosch，"Parliamentary Elections in Thailand，March 2000 and January 2001，" *Electoral Studies*，Vol. 22，No. 1，2003，pp. 153 - 160，2005 年数据来自 Croissant，Aurel，and Daniel J. Pojar. "The Parliamentary Election in Thailand，" February 2005，*Electoral Studies* Vol. 25，No. 1，2006，pp. 184 - 191。

他信惠农的经济政策使农民阶层成为亲他信势力的坚固后盾。此后，脱胎于泰爱泰党的人民力量党、为泰党等亲他信政党继续受到农民的大力支持，逢选必胜。在2007年大选中，由泰爱泰党转化而来的人民力量党（2006—2008年）在大量农民选票的支持下，获得了41.1%的选票，获得了500个议会席位中的233个。在2011年的泰国大选中，由人民力量党转化而成的为泰党在他信妹妹英拉·西那瓦的带领下，在农民选票的支持下赢得选举胜利，获得了44.3%的选票和下议院500个席位中的265个，英拉也顺利当选泰国总理。

由图8可以清楚地看出，亲他信政党的选民基础主要分布在泰国北部和东北部地区。这两个地区以农业为主，农村人口是主要的人口构成。2003年，泰国北部区域拥有1208.89万人，东北部拥有2166.1万人，这两个区域加起来共占全国总人口的53.5%。[①]

六　结论

在政治现代化的进程中，泰国逐渐形成了垄断政治权力和经济资源的既得利益团体。王室、军队、传统产业集团和官僚阶层在威权统治时期，逐渐把持了国家经济的各个主要部门。而占人口大多数的中下阶层则处于政治生活的边缘，而且因经济基础较差、政治意识匮乏，长期在国内政治中表现出政治冷漠。

国际贸易的扩张和经济的发展开始打破这一现状，为国内经济政治格局注入新的变量。泰国在要素禀赋上属于土地和资本稀缺而劳动力充裕的国家，20世纪80年代以来在出口导向经济政策的基础上积极参与国际贸易，以出口国家市场为主要目的的劳动密集型产业取得迅速发展。国际贸易的开展改善了泰国中下阶层的经济状况。随着经济社会的发展，泰国中下阶层的政治视野得到拓展，政治意识逐渐提高，开始通过参加政治结

① Thailand National Statistical Office, *Statistical Yearbook of Thailand 2004*, p. 26.

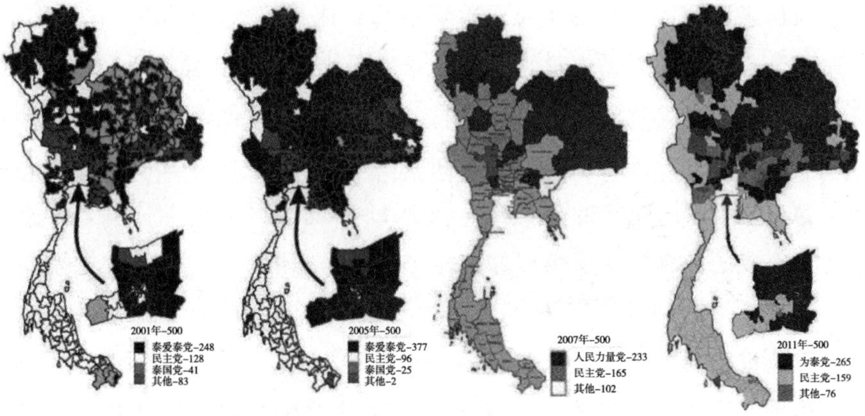

图 8　泰国 2001—2011 年国会选举中的政党和选区*

* 2001 年和 2005 年的选举按照泰国 1997 年宪法进行，众议院的 500 席位中 100 个席位根据政党名单制配给，其余 400 席通过小选区制从全国选举产生。小选区制将全国划分为 400 个选区，每个选区产生 1 名议员。政党名单制是将泰国全国视为单一选区，所有选民对政党投票，得票率高于 5% 的政党依照得票率分享 100 个议席。这一选举制度对大党有利而压制较小的政党。2007 年宪法为防止一党独大的局面，恢复了大选区制，将全国划分为 157 个选区，每个选区产生 2—3 个议席，并实行全额连记制；在政党名单制上，议席由 100 席减少到 80 席，单一选区改为 8 个选区，并废除了得票率不足 5% 不得参与政党名单制议席分配的规定。2011 年选举中又废除大选区制，实行小选区制，且议席由 400 席降为 375 席；政党名单制恢复全国单一选区制，并将议席由 80 席调整为 125 席。

数据来源：Chris Baker and Pasuk Phongpaichit, *A History of Thailand* (Second Edition), (Cambridge: Cambridge University Press, 2009); Electroal Geography website, http://www.electoralgeography.com/new/en/; Pasuk Phongpaichit and Chris Baker, "Reviving Democracy at Thailand's 2011 Election," Asian Survey, 2013, Vol. 53 No. 4 pp. 607 - 628; Wikipedia Thai General Election, https://en.wikipedia.org/。进入 21 世纪以来的四次大选已经证明，农民阶层开始通过选举在泰国政治中发挥重要的影响力，成为泰国政治中的一支重要政治力量。以农民为代表的中下阶层政治参与的快速发展成为泰国政治中的新现象。日益觉醒的占人口多数的农民阶层要进入政治领域分享政治权力，而拥有社会多数财富的少数精英阶层则竭力维护自己的既得利益。社会的分裂也成为 2006 年军事政变之后泰国国内政治动荡、街头政治此起彼伏的根源。

社、参加社会运动、进行投票选举等政治参与方式表达其利益诉求，要求分享国家政治权力，维护自身利益。红衫军群众运动产生的压力，迫使军人支持的临时政府提前解散并举行全国大选，具有重大政治影响力。参加政治选举是中下阶层进行政治参与最重要的途径。在竞争性选举制度已经确立的泰国，拥有人数优势的城市贫民和东部、东北部的农民等中下阶层以政治选票的方式开始成为国内政治中不可忽视的政治力量。

中下阶层对政治权力的诉求损害了既得利益团体的利益。在政治现代化进程中拥有政治经济优势地位的传统政治精英，竭力压制中下阶层的政治力量，以维持其在国内政治经济生活中的优势地位。既得利益集团和新兴的中下阶层的政治力量之间的政治斗争成为这一时期泰国国内政治的焦点。可见，在泰国，国际贸易深刻影响着国内的政治结构和政治进程。

中国跨国界河流问题影响因素分析

李志斐◎

【内容提要】 本文致力于研究中国跨国界河流问题及其影响因素。通过归纳分析梳理了中国跨国界河流问题的水质污染、水量分配、水能开发、水域生态、“水威胁论”五种主要表现形式，并发现国家关系、治理模式、领土争议对其具有显著影响，外部力量对中国跨国界河流问题并没有显著影响，而治理模式与跨国界河流问题的正相关性的发现也成为本文的探讨亮点。最后，根据本文的研究发现对中国如何应对跨国界河流问题提出政策启示。

【关键词】 跨国界河流问题　最优尺度回归　边际效应

【作者简介】 李志斐　中国社会科学院亚太与全球战略研究院助理研究员，北京大学国际关系学院博士后。

电子邮箱：lizf@ cass. org. cn。

跨国界河流问题已经成为影响国家关系的重要非传统安全问题之一，尤其是中国作为拥有跨国界河流数量比较丰富的国家之一，跨国界河流问题对于中国周边关系和周边安全构建的影响正在日渐凸显。但是，在我们深入分析跨国界河流问题时就会发现，中国周边地区跨国界河流问题的严重性在区域上存在差异，例如，中俄之间的跨国界河流

《国际政治科学》2015 年第 2 期（总第 42 期），第 66—92 页。
Quarterly Journal of International Politics

问题的严重程度低于中印之间的跨国界河流问题；同时，即便是在同一条跨国界河流，不同时间其问题的严重程度也不同，例如在澜沧江—湄公河上，2010 年湄公河四国（泰国、老挝、越南、柬埔寨）曾与中国发生“水战”，但近几年则比较缓和。[①] 由此，在研究中国跨国界河流问题时，就会思考为什么有些问题严重，而有些问题却比较缓和？为什么在某一时间段内问题比较突出，但其他时间则不那么明显？影响中国跨界河流问题的因素究竟是什么？

以上问题目前尚未得到国内外同仁的充分探讨，本文试图通过定量分析对以上问题进行解答，这将有助于增加学界对跨国界河流问题及其影响因素的理解，特别是有助于增加对中国跨国界河流问题的认识，具有一定的理论意义。作为一个受地缘政治环境影响较大的安全议题，跨国界河流问题与周边国家的政治、经济等议题紧密相关，它的产生与持续发酵受到诸多因素的影响，系统地研究跨国界河流问题及其影响因素，是提出针对性解决方案的必要基础。因此，本文的研究成果能够为中国在跨国界河流的开发、利用和保护方面提供更加合理的政策启示，以减少或避免中国与流域国的冲突，进而构建安全的周边环境，同时也能够破解“中国水威胁论”困境，以打破西方国家的政治意图。

本文共有五部分，一是文献回顾，主要是梳理国内外学者在中国跨国界河流问题及其影响因素方面的已有研究及其不足；二是构建中国跨国界河流问题解释框架，重点探讨其影响因素，阐明两者之间的因果逻辑，并由此推导出中国跨国界河流问题的一般性研究假设；三是统计验证部分，主要是利用统计模型对上一部分中的研究假设进行经验验证；四是政策启示部分，阐述本文的研究发现对中国制定跨国界河流政策的启示；最后是结论部分，总结本文的研究发现，并指出研究的不足及后续研究建议。

---

① 《中国与湄公河水战搬上峰会》，《亚洲周刊》2010 年 4 月 18 日，第 34 页。

一　已有研究及其不足

早在 18—19 世纪，西方学者就开始对跨国界河流问题进行研究。冷战中后期，随着欧洲莱茵河与多瑙河水的污染，中东以色列、叙利亚和土耳其对约旦河水资源的争夺，美国和墨西哥边界水纠纷等多个地区跨国界河流问题的接连发生，促使跨国界河流的研究被囊括到国际关系的研究领域之中。进入 21 世纪以后，随着中国对境内跨国界河流开发利用力度的增大，国外学术界对中国国际河流的研究开始有所增加，但是迄今为止，还没有专门论述中国跨国界河流问题的影响因素的学术论文或著作。从已有的涉及中国跨界河流问题的文献中，大概可以提炼出以下三种解释。

一是“中国不作为说”，认为中国周边跨国界河流问题的产生，主要是由于中国的“不作为”导致。中国利用自身优越的地理位置，即在跨国界河流中处于上游，在河流的水利开发和使用当中处于主导性地位，不愿意去构建管理机构，不主动推动合作机制的构建，以避免对自己的开发造成牵制，逃避关切其他国家用水权益的义务。① 因此，目前中国就跨国界河流问题还没有形成深度的合作机制，没有统一的管理机构，进而导致中国跨国界河流问题频发。② 笔者认为，“中国不作为说”存在明显的逻辑问题，因为如果中国不作为是导致中国跨国界河流问题的根本原因，那么我们就应该看到，中国的所有跨国界河流在几乎所有时间都会发生跨国争端，这明显与事实不符。

二是“国家关系说”，认为国家关系对跨国界河流问题具有重要影

① Alex Liebman, “Trickle-down Hegemony? China's ‘Peaceful Rise’ and Dam Building on the Mekong,” *Contemporary Southeast Asia*, Vol. 27, No. 2, August 2005.

② TimoMenniken, “China's Performance in International Resource Politics: Lesson from the Mekong,” *Contemporary Southeast Asia*, Vol. 29, No. 1, April 2007; Philip Hirsch, Kurt Morck Jensen, “National Interests and Trans-boundary Water Governance in the Mekong,” http: //sydney. edu. au/mekong/documents/mekwatgov_ mainreport. pdf.

响。“国家关系说”提出中国与周边国家之间发生的一系列水质污染、水资源分配等问题，很大程度上是国家间关系的反映。[①] 国家战略竞争与分歧、历史固化思维影响、国家互信缺失等，导致国家间关系复杂，从而促使跨国界河流问题升温，成为国家间冲突的新来源。[②] 例如，中印之间的跨国界河流问题很大程度上是因为两国间长期的战略互信不高，纠缠不清的领土纷争使跨国界河流问题更加复杂，并且使水资源合作管理机制的构建缓慢不前。[③] “国家关系说”虽然能够解释部分中国的跨国界河流问题，但是无法为其提供充分的解释。因为在中印关系更加紧张的20世纪60年代，中印跨国界河流问题还没有两国关系已大为改善后的2010年后突出。[④]

三是“机制缺乏说”，认为这些跨国界河流问题的产生与没有建立起有效的公平合理分配水资源的管理机制密切相关，如果要减少问题的发生，就必须加强信息共享、机制共建等合作管理模式的建设。[⑤] 例如，在澜沧江—湄公河流域，水资源安全问题的产生与发酵，与该流域缺乏有效

① 李志斐：《中国与周边国家跨国界河流问题之分析》，《太平洋学报》2011年第3期；王志坚、翟晓敏：《我国东北国际河流与东北亚安全》，《东北亚论坛》2007年第4期。

② Brahma Chellaney, “*Water: Asia's New Battleground*,” Washington, D. C.: Georgetown University Press, 2011; Macan Markar, Marwaan, “Asia: Dam Across the Mekong Could Trigger a Water War,” New York: Global Information Network, 2009.

③ 蓝建学：《水资源安全合作与中印关系的互动》，《国际问题研究》2009年第6期；李志斐：《中印领土争端中的水资源安全问题》，《南亚研究季刊》2013年第4期；刘鹏：《中印在跨界河流上的利益诉求与相互依赖》，《南亚研究》2013年第4期。

④ Brahma Chellaney, *Water: Asia's New Battleground*, Washington, D. C.: Georgetown University Press, 2011; “印称对雅鲁藏布江拥有‘使用权’再炒大坝威胁”, http://world.huanqiu.com/exclusive/2013-02/3612906.html。

⑤ 何大明、汤奇成等：《中国国际河流》，北京：科学出版社，2000；何大明、冯彦：《国际河流跨境水资源合理利用与协调管理》，北京：科学出版社，2006；冯彦、何大明：《国际河流的水权及其有效利用和保护研究》，《水科学进展》2003年第1期；冯彦、何大明、包浩生：《澜沧江—湄公河水资源公平合理分配模式分析》，《自然资源学报》2000年第3期；何大明、杨明、冯彦：《西南国际河流水资源的合理利用与国际合作研究》，《地理学报》1999年第1期；冯彦、何大明、甘淑：《澜沧江水资源系统变化与大湄公河次区域合作的关联分析》，《世界地理研究》2005年第4期；陈丽晖、曾尊固、何大明：《国际河流流域开发中的利益冲突及其关系协调——以澜沧江—湄公河为例》，《世界地理研究》2003年第1期。

的水资源管理模式密切相关。① 而在图们江、鸭绿江等中国东北地区的跨国界河流问题上，同样因为国家间合作的有限，缺乏整套的河流开发机制，致使界河的安全问题不断发生。②“机制缺乏说”同样也只能对中国跨国界河流问题提供部分解释，因为同样是一条澜沧江—湄公河，河流治理机制是一样的，但是中国与湄公河流域不同国家之间的跨国界河流问题的严重程度是不一样的。

综上，虽然国内外学者在研究中国跨国界河流问题的影响因素方面取得了一些成果，但是在解释中国跨国界河流问题上要么存在逻辑问题，要么存在解释不充分问题，而且在研究方法和研究角度方面也存在严重不足。

首先，从方法论的角度来看，国内外学者普遍采用定性的研究方法，依靠主观判断来对中国周边跨国界河流问题进行研读，其研究成果的质量取决于研究人员的经验和阅历，由此产生了一些良莠不齐的论断；其次，从研究角度来看，多数国外学者集中于批评中国在跨国界河流利用中秉承“绝对主权论”，坚持不合作的治理理念，没有恪守公平利用原则，由此导致中国与周边国家产生诸多跨国界河流问题，并成为影响区域和平的隐患。而国内的国际关系领域的学者，则着重分析问题类型与对策寻求，对其影响因素的分析较少，且多将其归结于合作治理缺乏和域外国家介入。虽然国内学者也对跨国界河流问题提出了不少解决对策，但由于缺乏准确、客观的系统性分析，对中国实质性地解决和预防周边跨国界河流问题缺乏应有的指导意义。

二　中国跨国界河流问题的逻辑分析

（一）中国跨国界河流问题的概念界定

目前，现代国际法和中国的国家环境法尚未对跨国界河流做出明确的

① 郭延军：《大湄公河水资源安全：多层治理与中国的政策选择》，《外交评论》2011 年第 2 期。

② 王志坚、翟晓敏：《我国东北国际河流与东北亚安全》，《东北亚论坛》2007 年第 4 期。

定义，但国内外学术界则通常把跨国界河流定义为“天然水流流经两个以上国家的河流”。参照这个定义，中国跨国界河流的概念是天然水流流经包括中国在内的两个以上国家的河流。而中国跨国界河流问题则是指基于社会、经济和政治目的，在对跨国界河流进行开发、利用、保护的过程中，中国与流域国所产生的系列国际争端问题，主要体现为水质污染、水量分配、水能开发、水域生态、“水威胁论”等国际争端。

水质污染争端，是指跨国界河流的水体因人们活动所产生的某种物质介入，导致其发生化学、物理、生物等方面的特征改变，导致河水的使用价值降低或丧失，从而引发的国际争端；水量分配争端，是指中国跨国界河流的水资源可利用或可分配总量，在流域国间进行分配以确定各流域国内的生活、生产可消耗或取水的水量份额引起的争端；水能开发争端，是指采取集中水头和调节径流等措施，把中国跨国界河流中蕴含的位能和动能，经水轮发电机组转换为电能，以供用户使用而引起的国际争端；水域生态争端，是指中国跨国界河流水因子对生物和地质等自然的影响及自然对各种水分条件的适应引起生态变化，从而引发的国际争端；“水威胁论”是指中国跨国界河流流域国或域外国家及组织基于某种目的，把跨国界河流水资源作为挟制手段强迫流域国执行非意愿性的行为，从而带来威胁的观点。

通过中国跨国界河流问题及其具体问题类型的概念定义，厘清了本文研究因变量——跨国界河流问题的内涵和外延，下面则界定各自变量的概念。从逻辑学的角度来看，本文所关注的影响中国跨界河流问题的各个因素都属于普遍概念，容易造成外延过宽，从而导致本文研究的操作性不足。因此，下述概念的定义仍然基于本文的研究目的，进而从狭义的角度进行界定。

国家关系，是指中国与中国跨国界河流流域国之间关系的状态，本文共分为三个关系等级即普通、良好、友好；领土争议，是指中国与中国跨国界河流流域国在国家行使主权的疆域上未达成一致结论，体现为存在和不存在两个类别；治理模式，是指中国跨国界河流的流域国经营管理跨国界河流事务的具体形式，主要包括分治、合作、共治三种形式；外部力量，是指中国跨国界河流流域国之外的国家或组织，通过某种方式对中国跨国界河流产生不利或有利影响的行为，主要有介入和未介入两种状况。

表 1　自变量取值及赋值规则

自变量	取值	赋值规则
国家关系	普通	国家双边关系系数值介于 0—3.9 间（按清华大学当代国际关系研究院的标准赋值、计算和界定）
	良好	国家双边关系系数值介于 4.0—6.9 间（按清华大学当代国际关系研究院的标准赋值、计算和界定）
	友好	国家双边关系系数值介于 7.0—9.0 间（按清华大学当代国际关系研究院的标准赋值、计算和界定）
领土争议	不存在	指中国与中国跨国界河流流域国在国家行使主权的疆域上达成一致结论
	存在	指中国与中国跨国界河流流域国在国家行使主权的疆域上未达成一致结论
治理模式	分治	指流域国对流经本国的跨国界河流河段进行独立的、与相关流域国无信息等共享的管理
	合作	指流域国对流经本国的跨国界河流河段进行独立的、与相关流域国进行信息等共享的管理
	共治	指流域国通过建立联合委员会等形式对跨国界河流进行共同管理
外部力量	未介入	指当事国之外的资金、项目、舆论、政治、国家或组织等力量未介入到跨国界河流问题中
	介入	指当事国之外的资金、项目、舆论、政治、国家或组织等力量介入到跨国界河流问题中

（二）国家关系与中国跨国界河流问题

虽然跨国界河流问题作为非传统型安全问题，并不能对国际关系的演变产生决定性的影响，但是，国家关系却是跨国界河流问题的重要影响因素之一。通常来讲，国家间关系如果处于友好状态，彼此间建立起坚实的战略互信，那么跨国界河流问题就不显著，即使遭遇该问题时，双方也会致力于通过和平的方式解决，而不是倾向于“对抗”和发生冲突。例如，2005 年 11 月中俄之间的跨国界河流污染问题，因中国境内化工厂爆炸，导致污染物质流入松花江，继而污染黑龙江，波及俄罗斯境内哈巴罗夫斯克等地区。中俄之间迅速携手采取应对措施，中国领导人温家宝总理和胡锦涛主席先后表态，中方愿与俄方进一步加强合作，消除灾害后果。[①] 此次事件在中俄双方政府的协商合作下得以顺利解决，俄罗斯政府没有公开指责和批评中国。从中俄之间处理跨国界河流污染问题的方式和结果来看，两国间的友好关系对跨国界河流问题的处理具有重要的影响。

与之相对的，则是处于非友好状态的国家关系会导致跨国界河流问题比较突出，甚至会激化问题，使之迟迟得不到解决，这些问题在缺乏战略互信的国家关系中显得尤为突出。例如中印间的跨国界河流问题，印度的媒体和学者不断炒作“中国水威胁论”，诸如“水炸弹”“生态武器”“政治武器”等特有名词层出不穷。2013 年印度外交部更是把其国内媒体热炒的中国在雅鲁藏布江“修建大坝的单边行动”变为政府行为，宣称印度拥有“河流使用权”，并首次敦促中国“不得在河流上游进行任何有损下游利益的活动”。[②] 所以，截至目前，中印间的跨国界河流问题不但成为双边关系中的一个争执不休的话题，同时也对双边关系的良性发展产生着明显的阻碍作用。

由此可以看到国家关系对跨国界河流问题的显著影响，如果国家关系好，则跨国界河流问题就不显著；如果国家关系缺乏战略互信，则会使跨国界河流问题突出，并且迟迟得不到有效的解决。

假设 1：国家关系与中国跨国界河流问题负相关，关系越好越不可能发生跨国界河流问题。

（三）领土争议与中国跨国界河流问题

历史上出现的相当一部分跨国界河流问题是和领土争端交织在一起

① 《胡锦涛会见俄罗斯客人》，《人民日报》2005 年 12 月 9 日，第 1 版；《温家宝总理就松花江水污染事件致信俄罗斯总理》，http：//www. gov. cn/yjgl/2005 －12/07/content_ 120100. htm。

② 《印度称对雅鲁藏布江拥有“使用权”忧中国建水坝》，http：//news. ifeng. com/world/detail_ 2013_ 02/03/21895864_ 0. shtml。

的，尤其是随着水资源日渐成为一种战略性的国家资源时，为有效控制或者更多地占有实际水源，国家之间往往就会借助各种手段来实际占有水源的所在地，致使跨国界河流问题复杂化，同时加剧本已存在的领土纷争。领土争议是影响中国跨国界河流问题的又一个重要因素，这在中印关系中体现得尤为明显。

由于历史原因，中印边界至今存在约 12.5 万平方公里的争议地区，其中东段的藏南地区恰好是雅鲁藏布江—布拉马普特拉河的流经之处。此条河流的水能资源丰富，占印度境内所有河流水电蕴含总量的 44.42%，另外，印控藏南河段水电蕴含量为 50328 兆瓦，分别占印度境内布拉马普特拉河水电总量和印度全国河流可开发水电资源总量的 76.1% 和 33.8%。[①] 印度近些年已将藏南地区的布拉马普特拉河的水电开发列入规划之中，计划修建 42 个项目，装机容量达 27293 兆瓦。[②] 现在，印度在指责中国开发雅鲁藏布江的水利资源、控制西藏水资源的同时，[③] 还非常急迫地在所谓“阿鲁纳恰尔邦”的布拉马普特拉河上快速修建一系列大坝，争取它的“下游国家开发权”，实现“先占先得”[④] 目标，以便在与中国的对抗中握有更大的筹码。[⑤] 与中印间的跨国界河流问题因领土争议的存在而复杂多变相比，中俄间的跨国界河流问题则随着 2005 年双方领土争议的彻底解决而使得诸如河流污染、水量分配等问题显得不太突出，并且能够得到妥善处理。

---

① 根据印度电力部中央电力局所公布的数据计算得知，参见 http：//www. cea. nic. in。

② “Status of 50000 MW Hydro Electric Initiative,” 参见 http：//www. cea. nic. in。

③ “River Runs Through it,” http：//timesofindia. indiatimes. com/home/opinion/edit - page/River - Runs - Through - It/articleshow/6320762. cms.

④ 参见 Ani Sasi，“Eye on China，Centre to Fast-track Arunachal Hydro Projects,” http：//www. indianexpress. com/news/eye - on - china - centre - to - fasttrack - arunachal - hydro - projects/1179360/。

⑤ 参见“India Clears Hydropower Project on Brahmaputra to Counter China?” http：//www. sentinelassam. com/mainnews/story. php? sec = 1&subsec = 0&id = 149078&dtP = 2013 - 02 - 11&ppr = 1#149078；Urmi A Goswami，“Dam for Dam in Arunachal,” http：//epaper. timesofindia. com/Default/Scripting/ArticleWin. asp? From = Archive&Source = Page&Skin = ETNEW&BaseHref = ETD/2010/08/06&PageLabel = 3&EntityId = Ar00303&ViewMode = GIF&GZ = T。

假设2：领土争议与中国跨国界河流问题正相关，相关国家与中国存在领土争议会激化跨国界河流问题。

（四）治理模式与中国跨国界河流问题

国家间多层次、多领域合作机制和框架的存在，也会为国家间妥善处理跨国界河流问题创造基本的工具，有助于推动水合作的实现。所以，国家间在跨国界河流上的治理模式越合理、越科学，则跨国界河流问题就会越不突出。如中国东北部、西北部的跨国界河流问题不显著，这与中国同相关国家在跨国界河流上所采用的治理模式有很大关系。中俄在总理定期会晤委员会下设有环境保护合作分委会，以对跨国界河流进行共同治理；中蒙成立了保护和利用边界水联合委员会；中哈成立了跨界河流联合委员会。正是国家之间积极地在跨国界河流上开展合作治理，抑制了相关问题的激化，推动其在正常的轨道上协商解决。

相比较而言，中国和东南亚、南亚国家间的跨国界河流问题则相对比较显著。如在澜沧江—湄公河流域，中国和湄公河国家既没有建立起专门的合作治理机构，也没有在现有的区域合作框架中纳入跨国界河流管理的相关内容，国家之间缺乏水资源类管理与协商合作机制，致使一旦发生因极端天气造成的洪涝灾害，湄公河国家就指责中国在澜沧江上修建水利设施，导致下游国家发生自然灾害和生态灾难。所以，在跨国界河流上采取分治模式，不可避免地会导致信息不共享、沟通不顺畅、行动不协调的局面，从而对中国开发利用跨国界河流境内河段构成瓶颈，同时也对中国与有关国家的关系造成消极影响。这也给西方国家宣扬“中国水威胁论”提供了契机，2010年前后“中国水威胁论”被推向新高潮。所以，从理论上讲，科学合理的跨国界河流治理模式有助于减少跨国界河流问题，反之则会带来一系列问题。

假设3：治理模式与中国跨国界河流问题负相关，治理模式合作性越高，跨国界河流问题就越少。

（五）外部力量与中国跨国界河流问题

按照问题的属性来说，跨国界河流问题在本质上是有关国家的内部事务，但是一些域外国家或势力因为自己的政治、经济目的，也会介入到跨国界河流问题的处理之中，使该问题的处理更加复杂。所以，外部力量也是影响中国跨国界河流问题的一个重要因素。

例如在澜沧江—湄公河流域，2010 年湄公河四国把区域大旱归咎为中国在上游修建水坝，与中国发生“水战”。[①] 这本是中国与周边国家之间的区域事务，但是美、日等国却趁机介入，推出“美湄合作”和“湄公河下游行动计划”，倡导“绿色湄公河”建设，向该地区提供巨额资金援助和技术支持，大力介入湄公河地区的开发与发展事务。

同样怒江流域也出现了类似问题。怒江开发一直受到国外非政府组织（NGO）的阻挠，2003 年 12 月，60 多个国家的 80 个 NGO 以联合国大会的名义，联合为“保护怒江”签名，并将联合签名书递交联合国教科文组织，其回信称要“关注怒江”；泰国的 NGO 就怒江问题联名写信给时任泰国总理他信，他信回复道：“相信中国是一个负责任的大国，不会因发展自己的经济而牺牲小国的利益。”[②] 外部势力的介入严重阻碍了怒江的开发，并使针对怒江的“反坝”和“建坝”争议逐渐发展成为一个国际性事件，使中国政府承受了巨大的压力。

而中国西北部的跨国界河流问题则由于外部力量基本上未介入而变得简单，如果从河流问题的严重程度来看，西北部的跨国界河流问题主要是水量分配，这种问题的严重性更甚于东南部的水能开发。在没有外部力量介入的情况下，中哈之间顺利地就如何更好地解决跨国界河流的水量分配问题达成一致，并协力促使跨国界河流成为双方构建稳固关系的桥梁。所以，外部力量的介入与否直接影响着跨国界河

---

① 《中国与湄公河水战搬上峰会》，《亚洲周刊》2010 年 4 月 18 日，第 34 页。

② 童志峰：《动员结构与自然保育运动的发展：以怒江反坝运动为例》，《开放时代》2009 年第 9 期。

流问题的显著与否。

假设4：外部力量与中国跨国界河流问题正相关，外部力量介入会导致中国跨国界河流问题更突出。

综上所述，中国跨国界河流问题主要是由于水质污染、水量分配、水能开发、水域生态、“水威胁论”等引起的国际争端。发生于中国和周边国家之间的种种案例显示，这些问题的产生与发酵，深受国家关系、领土争议、治理模式、外部力量的影响，其中国家关系和治理模式的良好与否，决定了其是否对跨国界河流问题产生抑制作用，而领土争议和外部力量的存在则会对跨国界河流问题产生激化的作用。

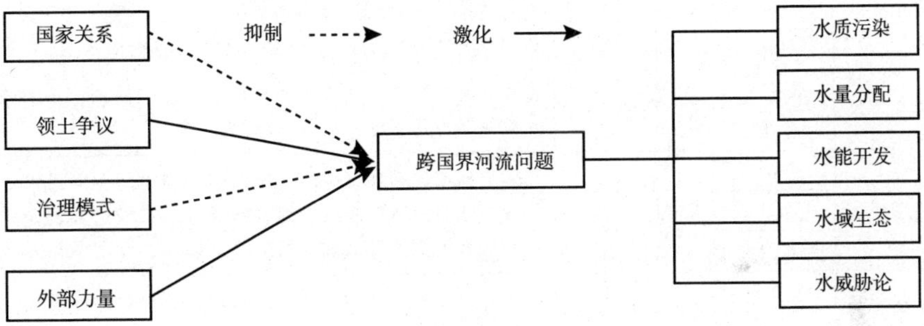

图1　中国跨国界河流问题与其影响因素的关系

三　中国跨国界河流问题的统计验证

通过归纳分析构建了中国跨国界河流问题的一般性研究假设，然而从逻辑学的角度来看，这些研究假设都属于或然性命题，需要通过统计学的相关知识进行验证，只有通过统计检验的研究假设才能从理论角度接受，才能应用到对实践活动或理论研究的指导上。因此，有必要建立统计模型，对中国跨国界河流问题的解释框架进行验证，而统计验证模型的建立或选择，应由研究主题和变量类型共同决定。本文的研究主题是中国跨国界河流问题与其影响因素间的因果关系，所以应该选择回归模型。回归模型有多种类型，采用哪种类型的回归模型则由变量类型来决定，为此首先要对中国跨国界河流问题及其影响因素进行量化和赋值。

表 2　因素量化编码系统表

因素	因素类别	变量	类别赋值	因素及类别说明
河流问题	水质污染	Y	1	因素类别 9 年期间在不同河流上出现的次数统计在“问题频数”变量中，在量化研究中通过加权个案的方式把不同因素类别出现的次数所造成的影响考虑在内。
	水量分配		2	
	水能开发		3	
	水域生态		4	
	水威胁论		5	
国家关系	普通	X1	1	中朝、中缅、中哈、中蒙关系值按清华大学当代国际关系研究院的标准进行赋值、计算和界定，中俄、中越、中印关系值则直接引用其 Relations(1950—2013) 中的数据。[①]
	良好		2	
	友好		3	
领土争议	不存在	X2	1	按年度来界定，即使当年某月解决了领土问题，该年度在领土争议类别上也界定为存在争议。
	存在		2	
治理模式	分治	X3	1	跨国界河流的管理模式的分类以当事国之间针对跨国界河流所达成的协议或成立的共同委员会，或边界协定中对跨国界河流所做的规定进行判定。
	合作		2	
	共治		3	
外部力量	未介入	X4	1	指当事国之外的资金、项目、舆论、政治、国家或组织等力量是否介入到跨国界河流问题中。
	介入		2	

① 参见清华大学当代国际关系研究院，2015 年 1 月 11 日，http：//www. imir. tsinghua. edu. cn/publish/iis/7522/index. html。

（一）赋值与样本

根据量化研究和统计分析要求，结合中国跨国界河流问题解释框架统计验证的需要，对界定的因素及因素初始类别进行编码和赋值，以实现因素的变量化和因素初始类别的量化转换（见表 2）。

量化研究除了完成因素到变量、因素类别到数值的转换，还要根据分析目的和分析精度的要求，收集一定数量的有效样本数据。因此，基于本文的研究要求，从中国与周边国家的近 80 条跨国界河流中，笔者按干流标准选取了 16 条跨国界河流作为观测对象（见表 3）。

表 3　中国主要跨国界河流

跨国界河流	源头	流入	跨界国家	跨界类型	河流方位
额尔古纳河	内蒙古	黑龙江	俄罗斯	界河	东北
黑龙江	内蒙古	鄂霍次克海	俄罗斯	界河	东北
绥芬河	吉林	日本海	俄罗斯	界河	东北
图们江	吉林	日本海	朝鲜	界河	东北
鸭绿江	吉林	黄海	朝鲜	界河	东北
北仑河	广西	北部湾	越南	界河	西南
元江	云南	红河	越南	跨界河	西南
澜沧江	青海	湄公河	缅甸	跨界河	西南
怒江	西藏	萨尔温江	缅甸	跨界河	西南
独龙江	西藏	伊洛瓦底江	缅甸	跨界河	西南
雅鲁藏布江	西藏	布拉马普特拉河	印度	跨界河	西南
狮泉河	西藏	印度河	印控克什米尔	跨界河	西北
伊犁河	哈萨克斯坦	巴尔喀什湖	哈萨克斯坦	跨界河	西北
额敏河	新疆	阿拉湖	哈萨克斯坦	跨界河	西北
额尔齐斯河	新疆	鄂毕河	哈萨克斯坦	跨界河	西北
乌伦古河	蒙古	乌伦古湖	蒙古	跨界河	西北

资料来源：参考朱道清编纂《中国水系辞典》，山东：青岛出版社，2007；朱道清编纂《中国水系图典》，山东：青岛出版社，2010。

通过观测表 3 中的 16 条跨国界河流在 2005—2013 年期间所出现的问题，以及各条跨国界河流出现问题时所对应的国家关系、领土争议、治理模式、外部力量的初始类别，搜集到 37 个观察案例，形成样本数据。同时为了合理体现各类问题的重要性程度，以年度为单位对各类问题在这九年期间出现的频数进行统计，以便在后期的量化分析中通过个案加权的方式，把这些频数所造成的影响加入到对跨国界河流问题的研究中。

此外，有两个变量的数据来源及赋值情况需要做进一步说明。第一，河流问题变量。16 个观测对象在 2005—2013 年间的河流问题事件的来源渠道，主要是中国水利国际合作与科技网、中国外交部网、新华网、《财经国家》周刊、中国广播网、香港《文汇报》、俄罗斯《独立报》、俄罗斯《消息报》、泰国《曼谷邮报》、《印度时代》、美国之音、美联社、英国《金融时报》等中国政府和国内的外新闻媒体，根据事件所反映的核心内容。按水质污染、水量分配、水能开发、水域生态、“水威胁论”为标准进行事件分类，并统计其在九年期间在各观测对象上发生的频数，但是对于同一事件的转载或重复报道不进行频数的重复统计。

第二，国家关系变量。中朝、中缅、中哈、中蒙的事件来源渠道，是中国外交部网站、新华网和《人民日报》，事件以年度、月份为基准，分国别进行所有披露事件的搜集，事件的赋值标准以清华大学当代国际关系研究院公布的事件分值标准和双边关系赋值表暂行方法（2005 年 8 月 17 日）为依据，国家双边关系分值计算则以《国家双边关系的定量衡量》中的计算方法和公式进行。①

（二）验证模型的确立

通过以上分析可知，因变量河流问题及自变量领土争议、治理模式、外部力量的类型都为分类变量，而国家关系是顺序变量，并且在第三节的解释框架中，预期河流问题与国家关系、领土争议、治理模式、外部力量间的关系为线性因果关系，所以适合作为验证中国跨国界河流问题解释框架的统计模型为 Logit 对数线性模型和最优尺度回归模型，这两种模型都要求河流问题与国家关系、领土争议、治理模式、外部力量的因果关系应为线性。

Logit 对数线性模型研究的是分类因变量各类别的发生概率与分类自变量间的关系，并且该模型假定分类自变量各类别对因变量的影响程度是均匀的；最优尺度回归模型研究的是分类因变量与分类自变量间的关系，其假定分类自变量的各类别对分类因变量的影响程度是非均匀的。所以，最终是否确立进行统计验证的最优模型，则要以变量国家关系、领土争议、治理模式、外部力量的类别对变量河流问题的影响程度的均匀性作为标准。而表 2 中对变量国家关系、领土争议、治理模式、外部力量的初始类别的等距赋值，则表示这些因素的初始类别对变量河流问题的影响程度是均匀

① 阎学通、周方银：《国家双边关系的定量衡量》，《中国社会科学》2004 年第 6 期，第 90—103 页。

的，但是表2中均匀性影响关系是假设性的，需要对其真实性进行验证，以确定假设的合理性。下面就通过变量初始类别量化转换图（见图2）来

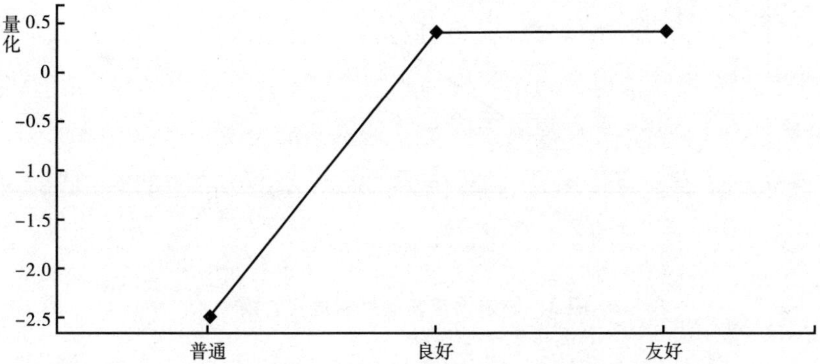

转换：国家关系

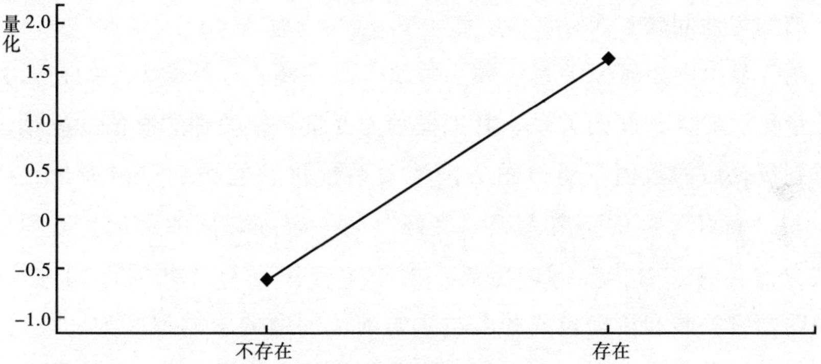

转换：领土争议

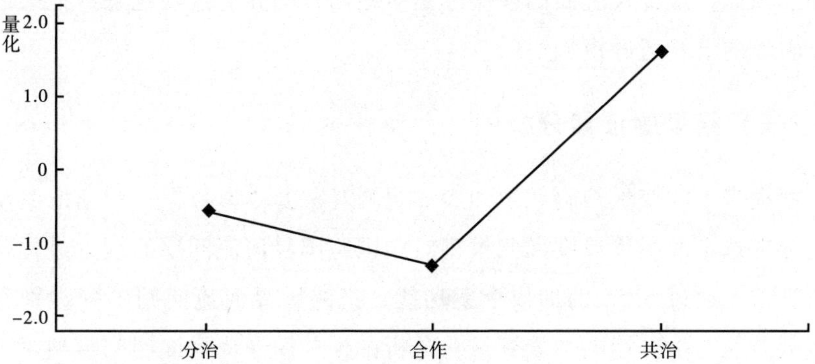

转换：治理模式

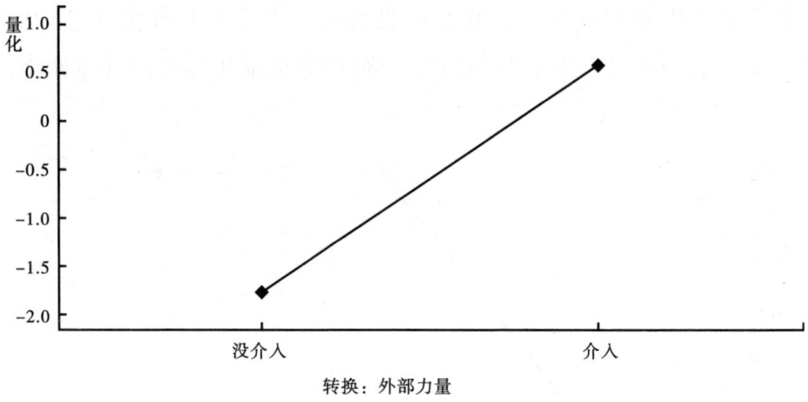

图 2　影响因素初始类别量化转换

考察国家关系、领土争议、治理模式、外部力量的类别对河流问题的影响程度的均匀性问题。

图 2 显示的是国家关系、领土争议、治理模式、外部力量的初始类别与其量化后的类别间的关系，其中横轴为变量初始类别的赋值，纵轴为初始类别量化后的数值。通过图 2 国家关系量化后的类别可以看出，“普通”与“良好”间的距离大于“良好”与“友好”间的距离，治理模式中“分治”与“合作”间的距离，大于“合作”与“共治”间的距离，这说明国家关系和治理模式的各类别对河流问题的影响程度为非均匀的。由此可以断定表 2 中变量各类别对因变量的影响程度是均匀的假设是不合理的。因此，最优尺度回归模型才是对中国跨国界河流问题解释框架进行统计验证的最合适的模型。

（三）模型验证和分析

根据表 1 的变量编码系统和表 2 观测对象的样本数据，利用根据模型筛选标准选定的最优尺度回归模型对中国跨国界河流问题的理论进行统计分析。首先通过 SPSS 的加权个案功能，把跨国界河流问题不同类别发生的频数对其产生的影响加入到量化分析中，并用最优尺度回归模型对中国跨国界河流问题初始类别进行量化（见图 3）。

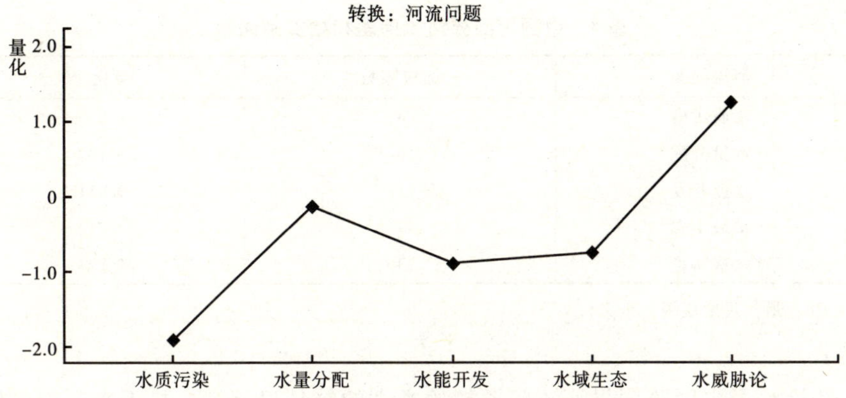

图 3　中国跨国界河流问题初始类别量化

量化后的跨国界河流问题的五个初始类别显示其类别间距为非等距，说明跨国界河流问题类别所产生的影响不等，即有的跨国界河流问题产生的影响比较严重，而有的跨国界河流问题产生的影响比较轻；五个初始类别在图 3 中的分布情况说明，“水威胁论”是中国跨国界河流问题中比较突出的问题，现实情况是，很多国家和机构都把中国跨国界河流问题中的水能开发、水量分配上升到“中国水威胁论”，而水质污染在其中则不是太严重的问题，水量分配的突出性仅次于“水威胁论”，现实情况是，无论东北部、东南部，还是西北部的中国跨国界河流问题，都涉及水量分配问题。

图 3 中显示的初始类别间的离散情况说明“水威胁论”、水量分配、水质污染问题相对比较独立，而水能开发和水域生态基本上处于同一水平的情况，说明二者高度关联。现实情况也的确如此。很多反对中国跨国界河流水能开发的问题，基本上都是以水域生态为借口进行的。这与中国跨国界河流问题中的解释框架一致，并且通过表 4 可以看出，以水质污染、水量分配、水能开发、水域生态、“水威胁论”的统计显著性也比较高，由此可见，前文中有关中国跨国界河流问题类型的研究假设初步通过验证。

表 4　中国跨国界河流问题初始类别频数

河流问题	加权频数	量化
水质污染	4	-1.933
水量分配	16	-0.132
水能开发	11	-0.911
水域生态	11	-0.752
水威胁论	23	1.223

注：最优尺度层级：名义

检验了中国跨国界河流问题初始类别的统计显著性，接下来利用最优尺度回归模型具体分析中国跨国界河流问题与其影响因素间的关系并检验其统计显著性。

表 5　模型摘要

复相关系数 R	R 平方	调整后 R 平方	明显预测误差
0.711	0.506	0.464	0.494

注：因变量：河流问题
　　自变量：国家关系、领土争议、治理模式、外部力量

根据表 5 中的复相关系数 0.711 可以判断，跨国界河流问题与其 4 个影响因素间的关系呈线性特征，由此证明选择线性模型最优尺度回归对中国跨国界河流问题解释框架进行统计验证是合理的。表中调整后的 R 平方 0.464，显示国家关系、领土争议、治理模式和外部力量对中国的跨国界河流问题的解释能力达到 46.4%，而剩余的 53.6% 是由其他因素来解释的，但是这些因素并没有涵盖在这个模型中。这种结果也是合乎情理的，比如跨国界河流问题中的水量分配类别的最重要影响因素是生产生活用水量，其中的水能开发类别的最重要影响因素是生产生活用电量等，这些因素都被排除在模型之外，因为本文的重点不是建立预测模型，而是着重于对中国跨国界河流问题解释框架进行统计验证，所以在模型中并没有包含上述影响因素，并且表中高达 0.494 的预测误差也说明该模型不适合

做预测。所以，总的来说最优尺度回归模型对样本数据的拟合优度还是比较理想的。

表6是反映样本数据拟合模型的整体统计显著性的方差分析表，表中的显著性系数0.000显示拟合模型的整体统计显著性很高，说明国家关系、领土争议、治理模式、外部力量中至少有一个变量与河流问题具有高度显著的因果关系。

表6　方差分析

	平方和	Df	平均值平方	F	显著性
回归	32.901	5	6.580	12.095	0.000
残差	32.099	59	0.544		
总计	65.000	64			

注：因变量：河流问题

自变量：国家关、系领土争议、治理模式、外部力量

表7是最优尺度回归模型输出以极大似然法估计的系数估计表。表中显示了国家关系、领土争议、治理模式、外部力量对跨国界河流问题的边际效应及其统计显著性。若以显著性系数小于0.1为标准，国家关系、领土争议、治理模式对跨国界河流问题的影响比较显著，而外部力量的影响不具统计显著性，这可能是因为目前外部力量在中国周边跨国界河流问题上仍以舆论介入为主，实质性的政府行为和资金介入比较少，虽然美日在

表7　系数估计

	标准化系数				
	重复取样(1000)估计				
	Beta	标准误差	Df	F	显著性
国家关系	-0.680	0.323	1	4.430	0.040
领土争议	0.418	0.229	1	3.312	0.074
治理模式	0.571	0.195	2	8.573	0.001
外部力量	0.205	0.175	1	1.378	0.245

注：因变量：河流问题

湄公河上存在资金介入情况，但是对于考察整体中国跨国界河流问题来看，其影响还不是太明显。

通过表 7 中的回归系数可以构建中国跨国界河流问题的线性方程：

$$Y = -0.68X_1 + 0.42X_2 + 0.57X_3 + 0.21X_4 + e, \text{其中 } e \text{ 为残差项} \quad (\text{方程①})$$

方程①能够帮助我们从国际关系角度解释跨国界河流问题与其影响因素之间的关系，以及这些因素对跨国界河流问题的解释能力和各因素对跨国界河流问题的边际效应及作用力方向，但是由于方程①的预测误差比较大，所以不能用方程①进行跨国界河流问题预测。

根据方程①可知，国家关系对河流问题的边际效应最大并呈负面影响，而其他三个影响因素的边际效应从大到小依次为治理模式、领土争议、外部力量，并且其对河流问题都起着正面影响作用。同时方程①也揭示了一个比较意外的结果，即，治理模式的作用力方向，按照常规思维应该是随着治理模式的提升，中国跨国界河流问题应该减少或减轻。但方程①所反映的却是，随着治理模式的提升，中国跨国界河流问题非但不减，反而增多。这种反常现象可能是因为因果倒置所致，不是因为双方治理模式越好，中国跨国界河流问题就越多，而是因为双方河流问题越突出，双方越有可能构建双边委员会进行协调。表 8 是衡量影响因素间的相互关系和河流问题与影响因素间关系的相关性和容差。

表 8　相关性及容差

	相关性			容差		
	零阶相关	偏相关	部分相关	重要性	转换之后	转换之前
国家关系	-0.490	-0.656	-0.610	0.659	0.805	0.864
领土争议	0.034	0.457	0.361	0.028	0.747	0.804
治理模式	0.208	0.567	0.483	0.235	0.716	0.729
外部力量	0.191	0.266	0.194	0.078	0.892	0.774

注：因变量：河流问题

首先，根据表 8 探讨影响因素间的关系。表中显示国家关系、领土争议、治理模式和外部力量的容差都大于 0.1，说明每个因素能够被其他因素所代替的可行性不高，四个因素之间不存在共线性问题，同时也说明每个影响因素对跨国界河流问题的独特解释能力都比较强。

其次，对影响因素与河流问题的线性关系进行分析。根据衡量各影响因素与跨国界河流问题的线性相关的零阶相关系数来看，国家关系和治理模式这两个因素与跨国界河流问题的线性关系较强，而领土争议和外部力量与跨国界河流问题的线性关系较弱；衡量影响因素对河流问题的解释力度的偏相关系数显示：国家关系的偏相关 R 平方为 $(-0.656)^2=0.43$，治理模式的偏相关 R 平方为 $(0.567)^2=0.32$，这表明在跨国界河流问题的解释上，国家关系和治理模式能够分别解释跨国界河流问题变异的 43% 和 32%，虽然领土争议的偏相关 R 平方为 $(0.457)^2=0.21$，其对跨国界河流问题变异的解释能力也比较高，而且在标准化回归系数表中其对跨国界河流问题的边际效应也比较高，但是从重要性角度来说，这个因素对跨国界河流问题来说其分量并不是很重。

最后，根据衡量影响因素对跨国界河流问题的重要性的系数来分析。国家关系对跨国界河流问题最重要，其次是治理模式具有一定的重要性，而领土争议和外部力量对跨国界河流问题的重要性就比较小了，这恰好印证了前面对领土争议问题的分析结果。但也应该看到，领土争议无论在对跨国界河流问题的边际效应和解释能力上都是比较显著的，可是在重要性方面反而所占的分量不高，这说明存在抑制变量影响了领土争议因素的重要性，从而使领土争议因素不至于成为跨国界河流问题的主要影响因素。

综上所述，中国跨国界河流问题理论通过最优尺度回归模型进行统计验证的结果如下。

第一，中国跨国界河流问题的五个初始类别在跨国界河流问题中的地位和作用与科学归纳法推导出的研究假设基本一致，且具有比较高的统计显著性；第二，中国跨国界河流问题与其影响因素间为典型的线性因果关系，与科学归纳法得出的研究假设也基本一致，同样具有较高的统计显著性，并证实了中国跨国界河流的大部分问题不是某个因素导致的，而是各种因素共同产生作用的结果；第三，国家关系和领土争端对中国跨国界河流问题所产生的作用力方向与科学归纳法得出的研究假设一致，并具有较高的统计显著性，因此，研究假设 1 和假设 2 通过了统计验证。而治理模式与中国跨国界河流问题虽然在统计相关上具有显著性，但是与推导出的研究假设正好相反，根源可能在于因果关系倒置。总体来说，中国跨国界河流问题模型通过了统计验证，可以应用到实践工作和力量研究上。

此外，最优尺度回归模型通过对中国跨国界河流问题理论的验证，也进一步深化了中国跨国界河流问题理论。

第一，影响因素对中国跨国界河流问题的边际效应得到了数值上的量化论证，并具有比较高的统计显著性。通过统计模型的分析结果可知，中国跨国界河流问题的四个影响因素的边际效应从大到小依次为国家关系、治理模式、领土争议、外部力量。第二，影响因素对中国跨国界河流问题的解释能力得以厘清。根据统计模型分析结果，四个影响因素在中国跨国界河流问题上的解释能力从大到小依次为国家关系、治理模式、领土争议、外部力量。第三，影响因素在中国跨国界河流问题上的重要性得到明确。同样根据统计模型分析结果，影响因素在中国跨国界河流问题上的重要性从大到小依次为国家关系、治理模式、外部力量、领土争议。这些结果为深度运用中国跨国界河流问题理论提供了指导。

四　政策启示

在以上定量分析中国跨国界河流问题影响因素的基础上，根据研究发现，针对中国跨国界河流实际情况提出几点解决和预防跨国界河流问题的对策和建议。

（一）改善双边关系，为解决中国跨国界河流问题创造条件

前文的定量分析已经证明，良好的国家关系是避免和解决跨国界河流问题的关键和基础。因此，对与中国存在比较突出跨国界河流问题的国

家，中国应该从其他方面入手，努力改善与这些国家的关系，为缓和控制直至最终解决跨国界河流问题创造条件。近几年来，与中国存在比较突出的跨国界河流问题的国家是印度和东南亚的一些国家，因此，中国尤其应该重视与这些国家改善关系。特别是趁着中国推进“一带一路”战略的契机，利用重要的深化经济合作机会，改善与上述国家特别是印度的关系。从短期看这样可以为解决中国跨国界河流问题提供帮助，从长期看也有助于我国构建良好的周边环境。

（二）重视领土争端，避免河流问题复杂化

领土争端的存在使跨国界河流问题变得更加复杂，政治化色彩加重。因此，在存在领土问题的跨国界流域，中国应以谨慎而理性的态度处理领土争端，尽可能地避免两个问题相互纠缠、互相影响，导致其更加难以解决。目前，中国和印度之间的领土争端问题比较严重，而且和跨国界河流问题纠合在一起的趋势比较明显。印度正在大规模地开发布拉马普特拉河的水利资源，力图将其占领的中国藏南地区转变为其未来的“发电站”。现在，中印之间已经存在河流专家级谈判机制和中印边界问题特别代表会谈机制，两个机制针对河流问题和领土问题分别进行谈判。对此，有国内学者提出了“捆绑”策略，主张将跨国界河流问题的谈判和边界问题谈判联合起来进行。①

但根据定量分析的结果，如果将两个问题实行“捆绑”，将不可避免地导致问题更加难以解决，并且可能使问题的复杂性和解决难度呈现“螺旋式上升”态势，由此会更加严重地影响中印两国关系。所以，笔者认为，目前的分开谈判是必要的，一方面重视领土争端问题，积极通过双边谈判和平解决；另一方面，以理性与合作的态度对待跨国界河流问题，在气候变暖导致青藏高原冰川融化的背景下，寻找针对跨国界河流的新合

① 刘鹏：《中印在跨界河流上的利益诉求与相互依赖——以雅鲁藏布江—布拉马普特拉河为例》，《南亚研究季刊》2013 年第 4 期。

作点，通过“软”议题领域的合作带动国家间信任关系的提升，使国家间的整体关系向良性发展。

（三）科学看待外部力量，推动当事国磋商解决与预防合作

西方国家在中国跨国界河流问题上的介入一般是舆论先行，政府行为紧随其后，资金技术接踵而至，力图借助水资源问题而插足中国周边事务，扩大在中国周边地区的影响力。但本文的定量分析结果证明，外部力量介入对跨国界河流问题的影响作用非常小。所以，要科学看待外部介入力量，既不能轻视其存在，也不能过高估计它的影响能力。

在解决和预防跨国界河流问题时，中国应将精力更多地放在与当事国的磋商解决与预防合作上。在横向的流域管理维度上，加强与当事国在水量、水质监测和评价标准等预警预报系统上的磋商，加强重大自然灾害和紧急事件的应急处置机制建设，建立提高流域管理效率和水平的管理模式。[①] 在纵向的区域管理维度内，加强与当事国在目标差异方面的协调，加强对跨国界河流的整体规划与统筹管理，推动合作由信息共享到协调行动，再到联合行动与管理，不断提升与完善合作机制的建设。

（四）转换思路和视角，把跨国界河流从问题变为资源

跨国界河流是流动的水体，它跨越地理界线将流域内的国家连接起来，形成一种天然的相互依存的互动关系，这种关系是发展“命运共同体”的天然优越资源。科学合理地使用这种优势资源，有利于推动良好周边关系和安全环境的实现。因此，中国应该充分利用丰富的跨国界河流资源，用新的合作思路，从具体战略层面做实“亲、诚、惠、容”的周边外交理念。在开发利用跨国界河流时，应以互利互惠为基本原则，坚持水资源的和平共享，推动跨国界河流机制的协作建设，同时以河流为媒

① 胡文俊：《多瑙河沿岸国际合作实践与启示》，《长江流域资源与环境》2010 年第 7 期，第 739 页。

介，通过水资源合作带动区域合作，通过共赢而非“零和”式的合作实现资源的对接和共享，从而增进中国与周边国家之间的政治互信，促进双方经济进步和社会发展，为构建和谐稳定的周边关系和周边安全环境奠定基础。

五　结论

本文聚焦中国在跨国界河流问题上的困境，研究其影响因素，通过逻辑演绎和经验观察相结合的方法，建立了对中国跨国界河流问题的解释框架，推导出了有关中国跨国界河流问题的四个研究假设。然后根据客观选定的观测对象收集到的九年间的样本数据，采用最优尺度回归模型对科学归纳法推导出的中国跨国界河流问题研究假设进行统计验证。统计分析表明，国家关系与中国跨国界河流问题具有负相关关系，即国家关系越好，越不可能发生跨国界河流问题，而领土争议则与中国跨国界河流问题具有正相关关系，即存在领土争议则激化中国跨国界河流问题。统计分析还表明，外部力量的介入与中国跨国界河流问题不具有统计显著性。令人意外的是，统计分析表明治理模式与中国跨国界河流问题正相关，即随着治理模式的提升，中国跨国界河流问题非但不减反而增多。这种反常现象可能是因果倒置所致，不是因为双方治理模式越好，中国跨国界河流问题越多，而是因为双方河流问题越突出，双方越有可能构建双边委员会进行协调。

既成问题的习惯性分析路径常常会导致推论过程的固化和研究结果的单一，为更深入地把握问题核心，需要创新性思路与方法。本文从定量分析的视角，运用统计学中的相关分析方法来对中国跨国界河流问题影响因素进行深入阐释，既是对科学研究国际政治问题的方法性尝试，更希望能够有针对性地提出建设性的对策建议。但是在本文的写作过程中发现，相关数据的搜集工作难度很大，存在缺失和纰漏问题，由此不可避免地影响统计模型的验证精度。另外，由于中国官方对跨国界河流公布的材料有限，文章对河流问题的逻辑归纳部分也就难免存在一定瑕疵，这些都是本文写作中较遗憾的部分。所以，未来的研究工作需要继续完善相关材料和数据，对本文的研究结论进行更加深入的验证。同时也期盼学界同仁能够在本文的基础上拓展中国跨国界河流问题的影响因素和样本数据，建立中国跨国界河流问题的数学预测模型，为中国跨国界河流问题实践提供更精准的政策启示。

拓展地方交流，促进中美大国关系

外交改革课题组◎

【内容提要】 本报告分析了美国联邦政府在外事领域加强对地方管理的相关体制、机制和做法，发现美国地方势力对中央外事的影响较前更为广泛、主动、积极和直接。影响国家对外政策和行为的美国地方力量是多种多样的，包括了行政当局、国会、地方政府、社会组织、重要人物以及企业等。美国在处理中美关系时，其联邦与地方具有互动的特点。根据这一特点，本报告就当前中国如何夯实建立“中美新型大国关系”的政治社会基础与支撑点，以及如何在对外事务中加强中央和地方的统筹协调并有效发挥中央和地方的积极性，提出了新的政策思考和建议。

【关键词】 中美关系　外交改革　公共外交　地方交流

【作者简介】 清华大学当代国际关系研究院外交改革课题组

课题组长：阎学通；成员：许尔文　马燕冰　王鹏

电子邮箱：yanxt@ tsinghua. edu. cn。

美国作为当今世界力量格局中唯一的超级大国，是影响中国发展、安全和统一的最大外部因素，也是中国对外关系中长期打交道的主要对象。2013 年 6 月，中美两国元首就共同努力构建“不冲突、不对抗，相互尊重，合作共赢”的新型大国关系达成重要共识。[①] 2014 年

① 余晓葵、王传军：《构建新型大国关系是中美元首会晤主线》，《光明日报》2013 年 6 月 7 日，第 8 版。

《国际政治科学》2015 年第 2 期（总第 42 期），第 93—117 页。
Quarterly Journal of International Politics

11 月，两国领导人就扩大中美合作领域达成新的共识。① 然而，中美关系包括竞争与合作两个方面，在两国结构性矛盾不断加深的同时，双边合作也在不断扩大。② 随着中国实力的进一步上升，美国应对中国崛起的战略部署也将日益增多。美国一方面防范中国崛起，另一方面也需要与中国进行积极合作和预防性合作。③ 中美关系这种竞争与合作同时发展的状况也会受到美国地方势力的影响。中美关系受到影响的因素是多方面的，目前双方国内因素的影响具有不断增强的趋势。④ 特别是美国地方势力介入美国联邦对外政策的力度明显上升。在很多情况下，美国地方利益、诉求及其内部的政治结构与机制，直接影响到了美国在具体事务上的对华政策与立场。美国地方势力影响联邦政府对华政策具有独特的政治运作方式和政策形成机制。为了避免中美两国走向全面战略冲突和对抗，稳定中美关系，构建以不发生军事对抗为核心的新型大国关系，有必要加强中美双方的地方关系。⑤

一　美国联邦政府对地方外事的管控和利用

外交是内政的延伸，这并不是新的国际政治定律，世界自从有了国家之后一直如此。但在全球化和信息化趋势加快发展的今天，美国国内的地方政治和利益已不是简单地作为国家利益整体的一部分，相对抽象和间接

① 刘华：《习近平同奥巴马在中南海会晤》，《人民日报》2014 年 11 月 12 日，第 1 版；杜尚泽、赵成：《习近平同美国总统奥巴马举行会谈》，《人民日报》2014 年 11 月 13 日，第 1 版；钟声：《持续推进中美新型大国关系》，《人民日报》2014 年 11 月 13 日，第 21 版。

② J. R. I. Shifrinson, and M. Beckley, "Racing toward Tragedy? China's Rise, Military Competition in the Asia Pacific, and the Security Dilemma," *International Security*, Vol. 37, No. 3, 2012, pp. 172 – 177.

③ Joshua R. Itzkowitz Shifrinson and Michael Beckley, "Correspondence: Debating China's Rise and US Decline Reply," *International Security*, Vol. 37, No. 3, 2012, pp. 177 – 181.

④ Alastair Iain Johnston, "How New and Assertive Is China's New Assertiveness," *International Security*, Vol. 37, No. 4, 2013, p. 7.

⑤ Adam P. Liff and G. John Ikenberry, "Racing toward Tragedy? China's Rise, Military Competition in the Asia Pacific, and the Security Dilemma," *International Security*, Vol. 39, No. 2, 2014, pp. 52 – 91.

地体现在国家对外事务中，而是日益直接、经常地与国外发生联系与交往，并更加强烈和广泛地影响着国家整体对外政策。[①] 这一方面使联邦政府在考虑国家整体主权、安全、政治与经济利益的同时，还必须更加直接地关注地方利益。另一方面，原来主要关注国内事务的地方利益集团和政治力量，也越来越直接地关注外部世界，积极参与和影响联邦行政当局和国会的对外事务决策与立法动向。这不仅导致美国联邦政府对外政策的形成和执行过程更加复杂，而且使其对外事务决策机制也在发生相应变化，其中很重要的方式是更加直接地不断强化对各州和地方涉外事务和行为的统筹、协调、引导和服务。[②] 根据美国宪法，虽然对外事务大权属于联邦政府，但同时对州和地方的参与也留有不少空间。冷战结束以来，美国联邦政府不断根据形势变化，通过立法和政策调整等形式，自上而下地加强联邦政府在外交上对地方的统筹协调、引导与合作，并采取上下结合的方法综合运用日益增多的各种国内资源，推进美国对外政策和战略目标。[③]

（一）美联邦政府加强对地方外事的投入和参与

美国行政部门的外交事务由总统主导、国务院负责执行。近二三十年来，美国国务院在机构的设置、协调和服务等方面明显加强了对地方的关注。国务卿和常务副国务卿负责全面工作，而国务院下设的 6 位副国务卿职位，分别负责政治、经济、国际安全、管理、公共外交和民事安全等领域。其中负责政治和国际安全的副国务卿的工作对象主要在国外，其他 4 位副国务卿均有协调地方相关领域的对外事务的任务，并主要通过以下渠道加以统筹和服务。

---

① Héctor Perla, "Explaining Public Support for the Use of Military Force: The Impact of Reference Point Framing and Prospective Decision Making," *International Organization*, Vol. 65, No. 1, 2011, pp. 139 - 167.

② Bonnie Honig, "Between Decision and Deliberation: Political Paradox in Democratic Theory," *American Political Science Review*, Vol. 101, No. 1, 2007, pp. 1 - 17.

③ 王勇：《美国地方因素对中美关系的影响》，《外交评论》（外交学院学报）2006 年第 4 期，第 87—89 页。

（1）在全美设立派驻机构，直接向地方派驻外交官员。迄今，美国国务院在全美有常设派驻机构近百个。主要有以下几个方面。

①在全美设有六大“外交机构办公室”（Office of Foreign Missions，OFM）。① 1982 年美国会通过《外交机构设置法》等法律，根据有关法律和《维也纳国际关系公约》，美国国务院开始在全美增设机构，迄今已在纽约、芝加哥、旧金山、洛杉矶、迈阿密和休斯敦设立六大外交机构办公室，分片负责全美 50 个州和 4 个联邦领地的有关工作。其主要职责是：捍卫美国国家安全并执行美外交政策；规范外国驻美使领馆人员活动；在互惠基础上维护外国驻美使领馆的外交特权，豁免权如免税、通关、驾照和车辆登记；与美地方和联邦其他地方机构合作完成执法任务，如逮捕、拘留外国人以及处理有关外国人死亡等问题；帮助美地方政府和地方各界与外国驻美使领馆或国外建立联系等。该机构的主要官员均由国务院直接派驻，负责人多为有驻外经验的大使和总领事，其他官员为有驻外工作经历的职业外交官，任职几年后或返回国务院总部或外派其他国家工作的人员。

②外交安全局（Bureau of Diplomatic Security，DS）在全美设立派驻机构。② 根据 1986 年通过的《外交安全和反恐法案》，美国国务院外交安全局在全美不断增设机构。目前，外交安全局已在旧金山、洛杉矶、芝加哥、纽约、迈阿密、休斯敦和华盛顿特区等地和另外 31 个城市设立办公室，分别负责全美 50 个州和 4 个联邦领地的外交安全执法任务，诸如重要外事活动的安全，以及对美安全利益攸关的国际威胁分析、信息技术、反恐等方面的调查，为执行美国外交政策提供安全可靠的环境等。外交安全局是美国务院最大、人数最多的机构，同时也负责美驻外使领馆和人员安保工作。该局具体包括以下辖区。

- 华盛顿总部：首都哥伦比亚特区、马里兰州、弗吉尼亚州。
- 芝加哥辖区：伊利诺伊州、印第安纳州、爱荷华州、密歇根州、

① 外交机构办公室官方网站：http：//www. state. gov/ofm/。

② 外交安全局官方网站：http：//www. state. gov/m/ds/。

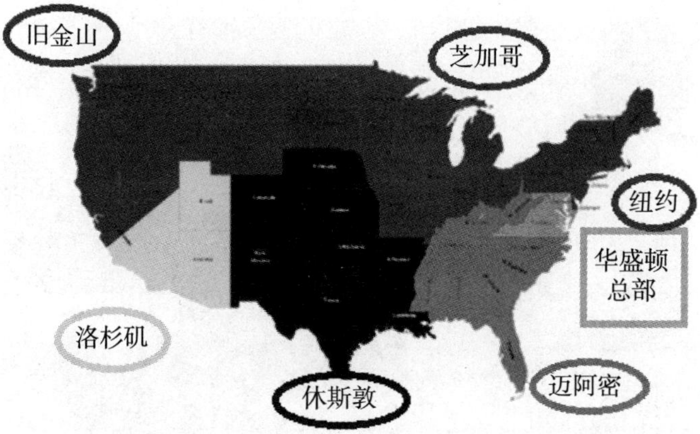

图 1　美国外交机构办公室在华盛顿的总部和其余 6 个分支机构的辖区

资料来源：美国外交机构办公室官方网站，http：//www. state. gov/ofm/ro/index. htm。

明尼苏达州、密苏里州、俄亥俄州、威斯康星州。

• 休斯敦辖区：得克萨斯州、路易斯安那州、阿肯色州、俄克拉何马州、新墨西哥州、科罗拉多州、堪萨斯州、内布拉斯加州。

• 洛杉矶辖区：加利福尼亚州南部、内华达州、亚利桑那州、犹他州。

• 迈阿密辖区：阿拉巴马州、波多黎各（联邦领地）、佛罗里达州、佐治亚州、肯塔基州、密西西比州、北卡罗来纳州、南卡罗来纳州、田纳西州、美属维尔京群岛（联邦领地）、西弗吉尼亚州。

• 纽约辖区：纽约市、康涅狄格州、缅因州、马萨诸塞州、新罕布什尔州、新泽西州、纽约州、宾夕法尼亚州、罗得岛州、佛蒙特州。

• 旧金山辖区：阿拉斯加州、加利福尼亚州北部、夏威夷州和其他美属太平洋岛屿、俄勒冈州、华盛顿州、爱达荷州、蒙大拿州、怀俄明州、北达科他州、南达科他州。[①]

此外，美国国务院领事事务办在全美也设有多个工作点、护照中心

① Mark T. Hove, ed. , *History of the Bureau of Diplomatic Security of the United States Department of State*（Washington, D. C. , U. S. Dept. of State Global Publishing Solutions, 2011）.

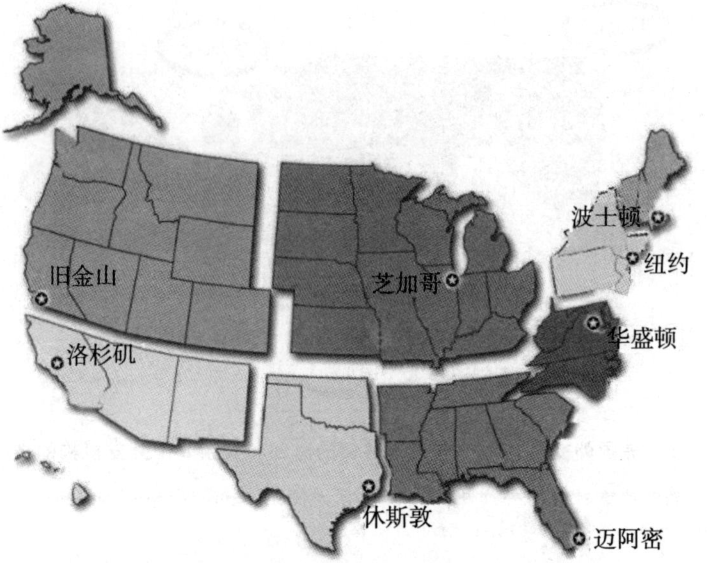

图 2　美国外交安全局所划分的 8 个地区及其中心城市

资料来源：美国外交安全局官方网站，http：//www. state. gov/m/ds/about/c8849. htm。

等，为国民及时提供领事方面的服务。以上机构主要由国务院负责管理事务的副国务卿统筹协调，运作中多数不通过地方政府，而是直接由中央操控，地方全力配合，在法律框架下行使既有职能。

（2）直接参与地方对外经贸、能源和环境方面的合作。美国负责经济事务的副国务卿下设经济商务、能源和环境等司局，分别负责相关领域的对外交往合作。近年来，为促进美国经济增长和就业，国务院与商务部等行政部门在推动美国地方对外经贸和能源环境合作方面更加积极主动。① 根据 2013 年的《美国务院各州资料汇总》，美国务院预算仅约占美总预算的 1%，却能每年为美国带来 1500 亿美元的贸易收益。② 国务院根据各州和地方的具体情况设计方案，每年帮助促成不少地方对外合作项目，

① Andre Lecours，"Paradiplomacy：Reflections on the Foreign Policy and International Relations of Regions，" *International Negotiation*，Vol. 7，No. 1，2002，pp. 91 – 114.

② 李稻葵、李丹宁：《中美贸易顺差：根本原因在哪里?》，《国际经济评论》2006 年第 5 期，第 13 页。

并以此作为其年度重要工作业绩指标，如2013年，国务院经济商务局直接参与得克萨斯州达拉斯市与上海、香港和西班牙马德里的直航谈判，促成有关项目的成功，为达拉斯市直接带来每年几亿美元收益。又如，奥巴马总统提出“投资美国”和“出口倍增”计划后，美国务院与商务部等相关部门一起负责具体落实，直接同地方政府和企业合作，举办招商引资洽谈会，美驻外使领馆外交官还亲自陪同所在国经贸代表团访问美国的州市等，推动地方达成具体合作项目，促进美国经济增长并为此提供服务。①

（3）加强地方公共外交，促进民众对美外交和国家安全政策的理解。美国国务院设有一位专门负责公共外交和公共事务的副国务卿（Under Secretary of State for Public Diplomacy and Public Affairs），下设新闻中心和负责教育文化项目的司局。② 在重大外交和涉及美国国家安全利益的举措出台时，公共外交和公共事务局除了与国内外著名媒体沟通外，也直接告知地方媒体，促其协调行动。美每年的对外文化、学术、教育交流和国际访问学者等项目，也由国务院上述司局具体负责直接下达到各州和地方，与有关学术单位、基金会和慈善机构以及非政府组织、企业和社会团体等合作加以落实。③ 这些项目可以对美国社区带来直接影响，如教育交流项目于2013年给美国带来227亿美元的收益，同时，上述项目还加强了美国政府和民众与国外的联系，促进了地方的对外交往，增强了公众对美外交的了解，从地方层面并通过相关机构和公众，直接或间接地对美国家总体对外战略和政策目标形成影响。④ 近年来，负责民事安全的副国务卿在

① 程大中：《中美服务部门的产业内贸易及其影响因素分析》，《管理世界》2008年第9期，第57—60页。

② 参见美国国务院负责公共外交和公共事务的副国务卿官方网站 http：//www. state. gov/r/。

③ Brian Hocking, *Localizing Foreign Policy*: *Non-central Government and Multilayered Diplomacy* (New York: St. Martin's Press, 1993).

④ 在美国国务院教育和文化事务局的支持下，国际教育协会（Institute of International Education, IIE）每年都出版一份有关国际学术流动性的《门户开放报告》（Open Doors）。该报告指出，在2011至2012学年，美国大学的国际学生总数增加了6%，达764495人，创历史纪录；而在美的国际学生为美国经济贡献了227亿美元。参见IIE官方网站 http：//www. iie. org/en/Research－and－Publications/Open－Doors。

反恐、缉毒和执法事务方面增加了与地方的交流合作，尤其是“9·11”事件后，应对包括国际恐怖主义等各种安全威胁的努力明显加强。[①]

（二）美国国会直接影响地方的对外事务

近年来，美国国会在对外关系方面比以往任何时候都更为积极，对涉及地方对外事务的参与也更加广泛频繁。美国宪法在赋予行政当局和总统外交主导权的同时，也给予国会在对外事务上一些重要权力，包括对国家外事部门预算的拨款、重要外事人员的任命（国防、外交、情报和安全等涉外部门助理部长一级以上官员和驻外使节）、国际条约和宣战媾和的审批等等。此外，国会还对外交具有软性影响，包括就重大外交问题成立调查组，召开听证会，发表立场宣示性言论和政策研究报告。这些软性影响往往是借助于他们在地方上的影响力实现的。[②]

美国国会影响地方的主要权力有两项，一是财权，二是对外通商权。(1) 美国国会负责政府各项预算的审批，有关国务院在全美设立外交派驻机构等事项，均须经国会立法通过、总统签署成法后方能启动。国务院等部门和机构每年在地方上进行的对外文化、教育、学者交流等项目，均须通过立法拨款才能开始运作。[③] (2) 美国宪法第一条明确将对外通商权交给国会，规定国会管辖与外国间、各州之间同印第安部落的商业，征收关税等税收以及对外举债。在实际操作中，美国会最重要的对外权力在对外贸易方面，任何涉及国际贸易的协定均需国会批准。相比之下，美国宪法和法律对总统贸易决策权不如国会那么明确。[④]

---

① William B. Quandt, “Which Lessons Matter? American Foreign Policy Decision Making in the Middle East, 1979 – 1987,” *American Political Science Review*, Vol. 96, No. 3, 2002, pp. 686 – 687.

② Ivo D. Duchacek, ed., *Perforated Sovereignties and International Relations: Trans-sovereign Contacts of Subnational Governments* (New York: Greenwood Press, 1988).

③ 刁大明：《国家的钱袋：美国国会与拨款政治》，上海人民出版社，2012，第 5 章“国会山的‘主教’：拨款委员会”。

④ 孙哲、李巍：《国会政治与美国对华经贸决策》，上海人民出版社，2008，第 3 章“美国对外经济决策体系中的立法部门”。

美国国会议员与其所属的地方势力互动频繁，相互影响。例如，国会每年对外事务方面的拨款项目均是各州竞相争取的重点。目前，美国近一半州的代表处设在国会大厦附近，以便及时了解和跟踪国会动态，尤其是有关拨款方面的动向。美国一些州政府往往通过对代表该地区的国会议员进行游说施压，以期间接影响国会内政和外交方面的行为。[①]

联邦众议员的全部和联邦参议员的三分之一每两年就得选举一次，因此，国会议员为了获得连选连任，增加了回选区竞选的时间，减少了在国会山的工作时间。例如，2013 年和 2014 年，国会众议院工作日分别为 126 天和 113 天。美联邦参众议员除每月都有法定的选区工作日外，周末一般也回选区，因此，他们在州本地工作的时间已经超过了在国会山的工作时间。虽然内政和党派之争仍是主要话题，但在全球化的趋势下，涉外问题越来越成为议员们用以吸引选民的重要政策领域。[②]

（三）美地方势力已成为影响美外交的重要因素

美国建国之初，地方曾有极大的外交自主权。《独立宣言》和随后的联邦条款没有削弱地方享有的上述权力。虽然后来的美国宪法将外交权交给了联邦政府，但在事实上无法禁止地方参与对外事务。[③] 在不同的历史时期，地方因素在美国外交中发挥了一定作用。冷战的结束为美地方力量参与外交事务提供了新动力和机遇。全球化趋势的发展，使商业竞争、能源环境、恐怖主义威胁和毒品走私等跨国性问题与美国地方公众的切身利益日益紧密，各州和地方政府对外交的关心和影响力日益增大，需求增多。[④]

---

① 李文雯：《论利益集团与美国国会议员的政治沟通》，外交学院硕士学位论文，2006 年 4 月。

② 孙吉胜：《美国国会议员政治行为的特点及其对中美关系的影响》，《中国人民大学学报》2003 年第 1 期，第 141—143 页。

③ 许彦博：《论美国国会两院制的确立》，山东师范大学硕士学位论文，2004 年 4 月，第 41—43 页。

④ Craig Hayden, *The Rhetoric of Soft Power*: *Public Diplomacy in Global Contexts* (Lanham, Md: Lexington Books, 2012).

（1）地方政府是美国外交的重要参与者。美国州和地方政府有大大小小8万多个实体、1700万官员，其中州以下的地方官员约占70%。根据宪法第十条修正案，州和其下地方政府的对外事务权是多方面的。

①可自主决定派贸易和投资促进团出国访问，吸引外资、推动出口、提高本州或本地区的国际知名度，促进本地与国外务实合作；地方政府还可在国外开设投资和贸易办公室等，无须联邦政府批准。[①]

②可以与外国政府、政府机构和城市签订协议，进行文化、教育、体育和旅游等方面的交流合作，结为友好省州和友好城市等。据统计，迄今美国约500多个城市、郡和州与世界上140多个国家结成了2000多对友好城市和友好省州关系。[②]

③在宪法允许的范围内，地方的法律和司法判决仍适用于其管辖范围内涉及外国公民、公司和财产的案件。

④可以自由表达或发表对美国外交政策和国际关系的看法，不必报联邦政府和国务院。如在20世纪80年代，美国不少州和地方议会通过立法抵制南非种族隔离政策；有的州通过决议案要求冻结核武库；有的地方政府同地方草根组织一起向尼加拉瓜提供人道主义援助等。

此外，州长和市长可自行决定是否在其管辖的地方会见外国政要。国会和总统可以明确地给地方一些外交上的特权，也可以明确声明某些法律条款和外交行动并不排除地方同样享有此权力，以配合美联邦政府的外交行动。

虽然美国地方政府不设专门的外事机构，但不少州设立了有助于促进国际经济关系的国际礼宾官。这个职务隶属关系各州不同。在华盛顿州隶属于州长办公室，在新墨西哥州则隶属于文化事务部。有的州没有专职礼宾官员，而是由其他官员兼任，比如州务卿。地方政府对外交往还可以按照其他标准进行分类，原美国“创新外交中心”曾把美国地方外交分为

① 孙哲、李巍：《美国贸易代表办公室与美国国际贸易政策》，《美国研究》2007年第1期，第85—86页。

② Felix Chin, *Political and Economic Developments in Asia* (New York: Nova Science Publishers, 2011).

三大类：一是通过教育、研究和游说等形式唤起和提高人们国际意识的活动。二是利用地方的影响力直接对外国政府施压的行为。三是双边外交行为，包括与别国签协议、成立管理外事的机构等。[①]

（2）地方社会贤达对地方对外事务也有影响力。美国退休的政要、党派领袖、上升的政治新星等各界精英均积极参与对外事务，是地方经济发展和对外交往合作的推动力量。美绝大多数重要政要来自地方，如在奥巴马之前的五位美国总统中，有四位担任过州长，即佐治亚州的卡特、加利福尼亚州的里根、阿肯色州的克林顿和得克萨斯州的小布什。他们卸任之后均在家乡设有图书馆并经常在此举办外事活动。各地的政党领袖、政治新星、社会精英等，也将参与对外事务作为扩大自身视野和影响、提高知名度的重要领域，不少地方官员后来也成了全国性的政治人物，如联邦议员或内阁要员。此外，有些国会议员和政府官员退休后在地方外事中发挥着不可替代的作用，如前联邦参议员博伦（David L. Boren）卸任国会议员后，不仅担任美总统情报安全顾问，还出任俄克拉何马大学（The University of Oklahoma）校长，在当地备受尊敬，影响力甚至不下州长。[②]

（3）跨国企业、商会、行业协会、工会等利益团体的影响和作用。美国的州和地方有很多商会或行业协会，它们直接影响议员的政策取向。如得克萨斯州的大休斯敦地区商会成员有3000多家，掌握资产1.2万亿美元。这些组织与地方政治势力结合，往往可以左右政局变化。此外，作为美国民主党最重要政治基础的工会在对外事务上的作用和影响力也不容小觑，如在纽约州有重要影响的美国钢铁工人联合会不断推动其联邦参众议员提出贸易保护主义议案，该州联邦参议员舒默等曾是美国国会敦促人民币升值议案的主要推动者。[③] 上述团体和组织通过接待或邀请国外领导人

---

① 柯银斌：《地方公共外交的推进战略》，《南方日报》2013年5月14日，第2版。

② Ali Fisher and Scott Lucas, *Trials of Engagement*: *The Future of US Public Diplomacy* (Leiden; Boston: Martinus Nijhoff Publishers, 2011).

③ Michael A. Bailey, "Welfare and the Multifaceted Decision to Move," *American Political Science Review*, Vol. 99, No. 1, 2005, pp. 125 - 135.

和知名人士访问，及游说、发表声明等方式参与地方对外事务，直接或间接向联邦政府尤其是当地国会议员施压，影响其对外事务决策。[①]

（4）外交事务委员会及各类基金会的作用。美在纽约、洛杉矶、达拉斯、芝加哥等各大城市均设有“世界事务委员会”（World Affairs Council）或“外交事务委员会”（The House Committee on Foreign Affairs）等组织，“亚洲基金会”（The Asia Foundation）等团体也在不少城市设立分会。[②] 这些专业、民间机构与地方政府联系密切，形成不同的伙伴关系，有的甚至与市政府礼宾官一起办公（如达拉斯），共同接待外宾，处理对外事务，如举办系列与外交或外事有关的论坛，邀请国内外政要谈对当前国际和地区问题的看法，通过刊物、论坛、接待来访以及地方媒体，对上述重大活动予以广泛报道宣传，以增加当地民众对当前国际形势和美国对外政策的了解，扩大加深当地民众与国外的交流与合作。[③]

由于美国地方对外交事务的参与是多方位、多层次和多渠道的，并渗透到政治、经济、安全、文化、教育等各个方面，因此，联邦政府有时会对地方的某些外事政策进行强制性干预。例如，1996 年马萨诸塞州议会有关政府采购的立法，被视为是针对缅甸的经济制裁，这和联邦政府对缅甸政策不一致。于是，联邦最高法院裁定该州法律无效。再有，如果州和地方政府招商引资行为被联邦政府认定为会对美国国家安全造成威胁，联邦政府也会出面干预，阻止有关投资或地方商业行为。[④] 近年来，美国联邦政府的外国投资审查委员会（The Committee on Foreign Investment in the United States，CFIUS）屡屡以“威胁国家安全”为由，阻碍华为、中兴

---

① 张哲、郑李：《中美外交开始“地方支援中央”》，《南方周末》2011 年 3 月 10 日，第 13 版；王勇：《地方因素对美国外交的影响》，外交学院博士学位论文，2009 年 4 月，第 41—43 页。

② Robin Andersen, *A Century of Media*, *A Century of War* (New York: Peter Lang, 2006).

③ Krishnamurthy Sriramesh and DejanVerčič, *The Global Public Relations Handbook: Theory, Research, and Practice* (New York: Routledge, 2009).

④ 杜仲霞：《美国外资并购国家安全审查制度及对我国的启示——兼评三一重工、华为在美投资并购受阻案》，《现代经济探讨》2013 年第 3 期，第 74—78 页；陈婵婷：《从华为案看美国会对外资国家安全审查的政治监督》，《时代金融》2012 年第 36 期，第 294—297 页。

等中国企业在美国投资，对欧洲、中东特别是俄罗斯的干预也时有发生。①

二　中美关系中的地方交往合作成果及问题

（一）地方交往与合作是中美关系的重要社会基础

自冷战结束以来，虽然中美两国政治关系的发展时起时伏，但两国社会层面的交流或地方之间的交流关系却总体上呈上升趋势。目前除中国港澳台地区外，中美之间共结成247对友好省州和友好城市关系。图3显示出，两国建立友好城市的活动从未间断，最少的年份也有两对，而最多的年份则有19对，平均每年6对；而且两国的结好活动在20世纪八九十年代以及21世纪第一个十年都分别出现过高潮和低谷。中美友城总体发展情况与中美关系的变化存在一定一致性。中美城市结好情况与中美关系中的政治因素有一定关系，积极的政治因素可能对中美建立友好城市起到促进作用，而消极的政治因素则可能起抑制作用。友城结好与中美民众、舆情也密切相关，当中美关系中出现导致负面民众情绪的事件时，结好数降低；当民众负面情绪极其强烈之时，即便政府间还存在积极因素也无济于事，如1999年中国驻南联盟使馆被炸事件。此外，紧密的经济关系对中美友城的建立同样起着积极促进作用。②

“中美省州长论坛”（China - U. S. Governors Forum）于2011年1月成立，迄今已举行两轮会议。中美两国的年贸易额已达5000多亿美元。③

---

① 王书巍：《中美贸易摩擦之现状分析——以美“封杀”华为中兴为背景》，《知识经济》2012年第19期，第90—91页；孙海泳：《华为、中兴在美深陷“成长的烦恼”》，《国际融资》2012年第12期，第26—30页。

② 冒皎姣：《中美友好城市发展现状研究》，外交学院硕士学位论文，2011年4月，第12—13页。

③ 有关“中美省州长论坛”的资料，参见 *China Daily*，http://usa.chinadaily.com.cn/us/2011 - 07/14/content_ 12903380.htm；National Governors Association，http://www.nga.org/cms/home/news - room/photos/2013 - - photos/col2 - content/governors - attend - us - china - govern.html。

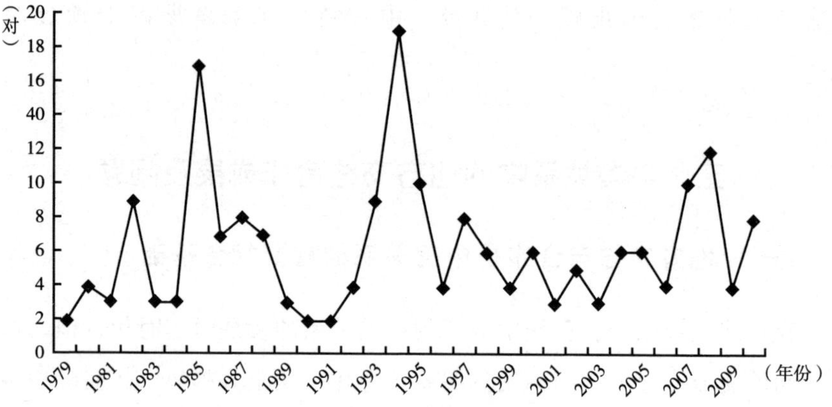

图 3　中美友好城市历年结好对数

资料来源：冒皎姣：《中美友好城市发展现状研究》，外交学院硕士学位论文，2011 年 4 月，第 12 页。

据美中贸易全国委员会（US－China Business Council，USCBC）统计，过去十多年间，美国 50 个州中有 47 个州对华出口增幅达 3 位数，其中 17 个州甚至达到 4 位数。双向投资逾 1000 多亿美元，美国在中国投资项目达 6 万多个，实际投资金额 700 多亿美元。中国对美国投资增速明显加快，迄今已达 300 多亿美元。同时中美文化、教育等人文交流不断取得新进展。目前，美国已建立 100 所孔子学院和 366 所孔子课堂。相互学生交流已达 25 万人。每年双方往来人数已达 400 多万人次。①

虽然中美双方的社会交流非常广泛，但仍有巨大潜力可挖，双方的交往合作中还存在协调不够、机制和地域发展不平衡、相互了解欠缺以及投入不足等问题。

（二）中国地方对美国地方的交往协调不足

迄今，中美之间已经建立了许多友好省州和友好城市、校际交流、经

① 中美省州长论坛官网：https：//www.uschina.org/；另参见《杨洁篪与美国国务卿签署〈关于建立中美省州长论坛以促进地方合作的谅解备忘录〉》，《人民日报》2011 年 1 月 22 日，第 3 版；马小宁：《首届中美省州长论坛在美国盐湖城举行》，《人民日报》2011 年 7 月 17 日，第 3 版。

贸合作、文化交往等平台，但这些会议论坛和项目协议等交往机制较为分散繁杂，访问合作成果相互沟通不够，未能形成全国一盘棋，致使这些交往成果的正面作用未能得到有效开发利用，造成资源浪费。在不增加投入的情况下，只要对这些双边交流活动加以指导和利用，就能大幅增强中国对美国地方工作的力度和影响力，调动这些交往资源来做美国政府决策人尤其是国会议员的工作；在如何更有效地落实两国元首会晤、战略与经济对话的具体成果，形成合力为中美关系大局和中国现代化服务方面，仍有不少工作可做。[①]

表 1 显示出中美友好城市在美国各州的分布并不平衡。其中分布最密集的为加利福尼亚州，有 42 对；其次是得克萨斯州，有 9 对；而后是伊利诺伊州、华盛顿州，各有 8 对。此外，尚有 9 个州还未与中国城市建立友好关系。从地理位置上看，结好数量多和结好数量少的州，甚至是尚未结好的州，分散在美国的东、西、南、北各处，因此有学者推断，美国各州与中国建立友城数量的多少与该州的地理位置并无明显联系。[②]

表 1　中美友好城市在美国各州的分布

友城数	州个数	州名(按结好数量从多到少)
42 对	1	加利福尼亚州
7—9 对	5	得克萨斯州、伊利诺伊州、华盛顿州、明尼苏达州、纽约州
4—6 对	13	弗吉尼亚州、夏威夷州、新泽西州、北卡罗来纳州、俄亥俄州、宾夕法尼亚州、威斯康星州、阿拉巴马州、阿肯色州、科罗拉多州、佛罗里达州等
1—3 对	13	华盛顿特区、亚利桑那州、康涅狄格州、佐治亚州、艾奥瓦州、马里兰州等
0 对	9	阿拉斯加州、密西西比州、新罕布什尔州、北达科他州、南达科他州、罗得岛州、佛蒙特州、西弗吉尼亚州、怀俄明州

① Francisca O. Norales, *Cross-cultural Communication: Concepts, Cases and Challenges* (Youngstown, N. Y.: Cambria Press, 2006).

② 冒皎姣：《中美友好城市发展现状研究》，外交学院硕士学位论文，2011 年 4 月，第 17 页。

各州友城数量与其经济发展水平有一定的相关性。将美国各州GDP排名与友城数量排名对照，可以发现，GDP相对较高的州与中国结好数也较多，如加利福尼亚州、得克萨斯州、纽约州、伊利诺伊州等；而GDP相对较低的州，与中国结好数量也较少，如新罕布什尔州、罗得岛州、阿拉斯加州、南达科他州、北达科他州、佛蒙特州等。也就是说，中美友好城市在美国各州的分布情况，与其经济发展水平密切相关：经济水平高的州友城分布密集；经济水平低的州友城分布稀疏。故有学者推断，中美友城在美国的分布存在一定的趋利倾向。[①]

（三）美国地方在华机构多于中国地方在美机构

为促进本地对华交往合作尤其是经贸往来，美国一些州政府纷纷在华设立办事处，很多是以公司名义建立的。其主要职能是促进对华出口，吸引中方投资和促进旅游等。近年来，美国州政府加快了增设驻华办事处步伐。[②] 如佐治亚州在2011—2013年不到三年内，就在上海和山东青岛建立了两个办事处。截至目前约有40多个州在中国设有代表机构或办事处，并建立了马里兰、宾夕法尼亚、密歇根、明尼苏达、威斯康星、田纳西、华盛顿哥伦比亚特区等七个“中国中心”。这些办事处和中心均为促进本州与中国各地的政治、经济、文化教育、旅游和科技等多方面交往合作发挥重要作用。如马里兰中国中心于1996年成立，是美成立最早、规模最大、业务量最多的州驻华办事机构，成为沟通马里兰州对华交往合作的桥梁。此外，美国一些著名大学还在中国主要城市设立办公室，促进招生和校际交往。[③] 相比之下，中国地方或学校在

① 冒皎姣：《中美友好城市发展现状研究》，外交学院硕士学位论文，2011 年 4 月，第 16—19 页。

② 叶慧珏、王海平：《旁听地方两会的美国领事们》，《21 世纪经济报道》2012 年 1 月 13 日，第 2 版。

③ Rajika Bhandari and Peggy Blumenthal, *International Students and Global Mobility in Higher Education: National Trends and New Directions* (New York: Palgrave Macmillan, 2011).

美设立的办事机构寥寥无几，截至目前，仅沈阳在芝加哥、湖北在亚特兰大、天津在达拉斯等地设有几个派驻代表。而中国目前尚无一所大学在美国设立办公室。[①]

2014年11月17日，由美国国务院、教育部和非营利组织“国际教育学会”共同发布的《2014年国际教育交流开放报告》显示，赴美外国留学生人数2014年近90万人，其中中国留学生约27.4万，在各国留学生中增长最快。同期，虽然美国来华学习的学生人数也在增加，但总数不到中国留美学生人数的十分之一。[②]

（四）中国方面对美国地方交往地域发展不平衡

长期以来，中国在对美关系中较重视与美国东、西两个海岸地区的交往，重要会议和出访多集中在这两个地区，重大合作项目也多在东西部进行，而与美南地区和中西部的交往合作则相对较少。[③] 中美间绝大多数友好省州和友城关系也建立在中国沿海省份与美东、西两个海岸地区之间。中国沿海或较发达地区对美交往合作也明显多于内地及中西部地区。根据2010年9月的统计数据，中美友好省州和友城在中国东、中、西部的比例分别为59.64%、28.31、12.05%，其中江苏22个、山东15个、广东12个、福建11个，而西部的青海、宁夏、贵州三省区尚无一个美国友城。随着经济的快速发展，中国不少省市尤其是沿海发达地区对与美国发展地方合作兴趣有所减弱；有些地区即使建立了友好关系，合作也缺乏实质内容。[④] 出于地理等方面的原因，美国有些州和地方尤其是内陆州同中

① 李关云：《一个校长的“文化外交”图景》，《21世纪经济报道》2009年11月18日，第3版；苏长和：《如何加强公共外交》，《中国社会科学报》2011年5月31日，第7版；鲁鹏：《浅析美国大学“智库”对美国外交政策的影响》，《科技创业月刊》2013年第5期，第151页。

② *Open Doors Report*, Institute of International Education（IIE），http：//www.iie.org/Research－and－Publications/Open－Doors/Data.

③ 蒋健鸣：《中美间第一对友好城市南京—圣路易斯结好前后——写在两市结好20周年之际》，《改革与开放》1999年第10期，第27—28页。

④ 廖政军：《地方交流，友好合作的重要载体》，《人民日报》2014年3月29日，第11版。

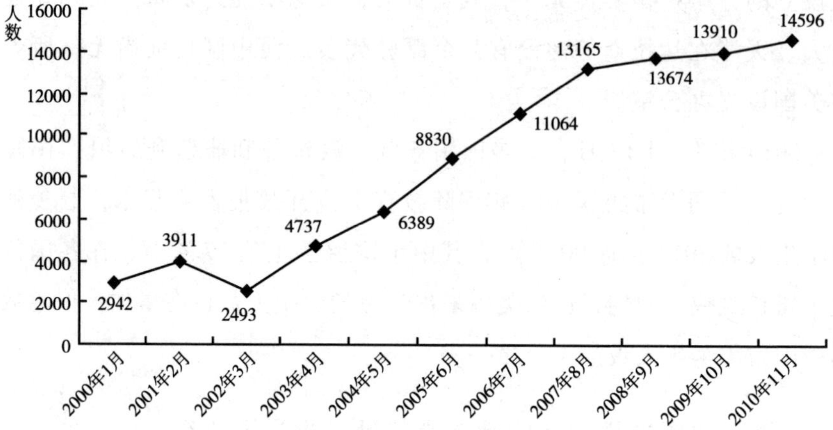

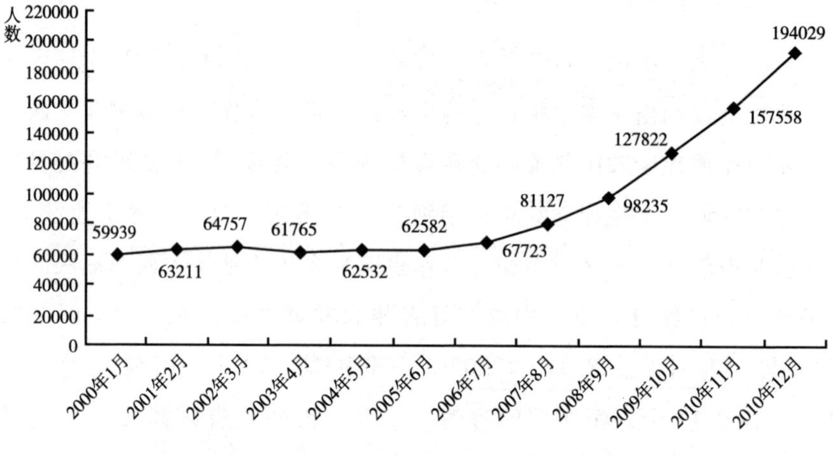

图 4　2000—2011 年美国在华留学生（上）和中国在美留学生（下）人数增长

资料来源：中国教育在线《2014 年出国留学趋势报告》，http：//www. eol. cn/html/lx/2014baogao/content. html。

方交往缺乏积极性；而中国内地和西部等一些不发达地区虽有与美方交往合作的意愿和需求，但即便是在 2000 年中国开始实施西部大开发战略之后也无大的起色，双方不少地方交往合作仍存在空白。①

① 冒皎姣：《中美友好城市发展现状研究》，外交学院硕士学位论文，2011 年 4 月，第 18 页。

表 2 中美友好城市在中国各省、自治区、直辖市的分布

友城数	省份数	省或自治区名、直辖市(按结好数量依次排列)
21—25 对	1	江苏
16—20 对	1	山东
11—15 对	4	广东、福建、湖南、江西
9—10 对	3	浙江、辽宁、湖北
7—8 对	4	四川、河北、安徽、海南
5—6 对	5	山西、吉林、广西、河南、陕西
3—4 对	5	北京、内蒙古、黑龙江、云南、甘肃
2 对	5	青海、贵州、重庆、上海、天津
1 对	3	新疆、宁夏、西藏

(五) 中国对美国地方交流的效果有待提高

美国施政的最大特点之一是崇尚小政府、大社会。相对于联邦政府，州政府显然在对外事务方面的资源要小得多。例如，中国省市长访美会见有关州市长等官员时，对方连杯茶水都提供不了是常有的事，因缺乏这方面的预算。再者，由于没有宪法授权，地方对涉外事务在做法上往往没有制度化，很容易受到州政府换届的影响。这些都与中国省市长等地方官员权力较大、掌握的资源较多、负责的领域决策权较全面有较大差别。中方有关团组访美时，总期望能与美国地方政府达成经贸、投资、文化、教育交流等的全面合作成果，得到当地招商引资的项目介绍或签订具体项目协议等，但美地方政府往往难以满足或根本就无能力达到中方要求。①

我国与美国地方进行合作的重要渠道并非仅有地方政府，当地的联邦议员及相关企业、社会团体等都有促成合作项目的能力。例如，2013 年 7 月北京与休斯敦直航，实现有史以来中国与美国南部地区首条直接航线的突破，就是在中方外交、民航等多方的主动推动下，有效调动了美国当地

① William H. Overholt, *Asia, America, and the Transformation of Geopolitics* (New York, Santa Monica, Calif.: Cambridge University Press, 2008).

联邦议员和地方力量的积极参与。① 由于缺乏对美地方政治的了解，中国地方代表团往往把交流重点集中于地方政府，主要与其交流，而忽视了访问当地的国会议员、企业和社会组织。这种状况对中美地方之间发展更进一步的关系形成障碍。

（六）美国地方势力介入涉台、涉藏、人权等问题

虽然，美国州和地方对华交往多集中于经贸、教育、文化领域，但有时也有地方反华势力破坏双边政治关系的现象。有些反华敌对势力长期盘踞在地方，影响所在地区议员的政治倾向。例如，得克萨斯州等作为F－16战机等军工产品的生产基地，该州联邦参议员科尼恩等从选区经济发展及就业考虑，成为国会售台武器的主要支持者。其他还有十几个州也与军工产品生产有关，这些州的联邦参众议员大多支持对台军售。在美国国会有关中国人权问题的提案中，盛行自由主义意识形态的东部地区提案数量最多，其次是佛罗里达等南部古巴移民较多的州。目前的中美地方交流活动，对于消除美国地方负面势力影响的作用还不明显。②

当美国地方势力代表的地方利益与中国国家利益相一致时，其地方势力对中美关系的影响是积极的；相反，当美国地方势力代表的地方利益与中国国家利益相冲突时，其地方势力往往会对中美关系产生消极影响。在第二种情况下，如果某个地方势力足够强大，美国联邦政府的决策者往往会以牺牲中方利益来满足其地方势力的要求。某种程度上，美国对华政策的出台实际上是国内各地方势力之间斗争与妥协的结果。一般而言，联邦政府在处理对华关系时，会将国家的整体外交利益放在第一位，并兼顾各州利益。当联邦政府的对华外交所体现出的国家整体利益和各州地方利益

① 《休斯敦各界庆北京直航票价成热议题目》，东南网美国频道，http：//usa. fjsen. com/2013－01/28/content_ 10482165. htm；《国航“北京至休斯敦直航产品”推介会成功召开》，环球网，http：//china. huanqiu. com/roll/2013－04/3844129. html。

② Shelley Rigger, *Why Taiwan Matters*: *Small Island*, *Global Powerhouse* (Lanham: Rowman & Littlefield, 2014).

相互和谐时，州政府等地方势力则无须动员起来对联邦的对华外交施加影响。一旦地方势力认为联邦政府的对华外交未能反映或未能充分反映本州的对外利益，尤其是涉及其对外经济利益时，地方势力就会竭尽全力对联邦政府进行游说。州政府也可以通过行政部门内设立的协调政府间关系的职能部门，如国务院下属的政府间事务办公室和美国贸易代表办公室下属的政府间政策咨询委员会，来表达自身的利益关切和政策建议并影响联邦政府决策。①

三　加强对美地方工作的政策建议

中国崛起给中国对美国地方工作提供了机遇。中美关系的不断拓展深化和中国的发展强大，尤其是新一轮改革开放的推进，促使美地方力量发展对华务实合作的积极性不断上升。为加强美国国内支持中美新型大国关系的支撑力度，中国需要在战略上持进取态势。应把重点放在争取和扩大对中国了解和信任以及对中方政策的支持和理解上，不断培育和强化推动中美友好与合作的积极力量，挤压消极因素。策略上应是多管齐下，突出通过社会力量与美国交往广泛的优势；挖掘潜力，尽可能争取美国州和地方基层公众对中国的整体好感和政治理解，加深他们对中国的了解和认知。将中美地方交流的活动转化为新型大国关系的实际效果，是今后中美地方交流的重要原则。中美地方交流是双向事务，只有中美双方都受益，这种交流才具有长期稳定的生命力。因此，借鉴美国协调、统筹和强化地方与联邦在外事上互动的经验，我国应与美国各层次的机构和团体发展对等的相互合作关系，共同推动中美新型大国关系的建设。

（一）设立外交部地方对外事务办公室，以协调和指导其外事工作

目前中国各省、自治区、直辖市与美国交流的涉外事务主要由各省、

① Radha Sinha, *Sino-American Relations: Mutual Paranoia* (Houndmills, Basingstoke, Hampshire, New York: Palgrave Macmillan, 2003).

市、自治区设立的外办负责，隶属省、市、自治区政府机构并由党委直接领导，外交部进行政策指导。这一安排的优势是能够充分发挥地方积极性，便于地方政府内的协调，但从机制上致使国家外交协调与统筹力度不足。为加强统筹，可借鉴美国联邦政府利用和管控地方外事的经验，进行路径调整和改革，使其向加强中央直接领导和协调的方向发展。例如：一是由外交部直接在各省市设立外事机构，负责协调和统筹地方与外国官方的重大政治、安全与经济等交往。地方政府予以配合，形成更加突出中央统筹的运行机制，这也有利于地方用好中央和国家的资源，更加立体地调动多方积极性和潜力，推进中国整体外交工作目标，实际上也更有利于地方实现对外开放和发展。

根据中国的外国领馆区域划分，还可考虑成立大区域综合协调平台，打破条块分割，强化综合统筹。外交部可考虑按外办驻华使领馆的地域设立派驻机构，分片负责与有关国家驻华总领馆联络，促进有关国家与中国地方的务实合作，并为之提供良好服务，保护国家安全，发挥中国特色大国外交的作用。这种跨省市的片区平台还有利于加强地方的公共外交，增强中国公众对中央外交政策和方针的理解和支持；强化国家外交部门与当地高校智库的联系，加强政策性智库建设。打破条块分割、强化综合统筹，有利于形成外交部和地方外办之间的日常协调机制，有利于指导和协调各省市与外国官方的重大政治、安全和经济等交往，包括外国重要人员来华接待和地方部门出访等。以上机构均可由外交部直接领导，派驻机构人员由外交部任命，外派人员应作为国家职业外交官开展工作。有了这样的机构指导我国地方与美国地方交流，对外工作会更加明确，从而提高交流的效果。

（二）加强引导和协调，形成以下促上的合力

多年来，中国对外友协等机构在促进中美地方交往方面做了大量工作，积累了不少经验、也有不少可利用的资源，但地方因素对中美关系的影响远远超出了美国州和地方政府权力和职能范畴，涵盖官方、半官方和民间等诸多方面，涉及政治、经济、文化、教育、科技等众多领域。加强

统筹引导，使之形成对美交流合力相当重要。中央外交主管部门应统筹协调我国地方的对美交流工作。制定一些规范性的交流机制，对访美的地方重要团组提出明确要求，把讲好“中国故事”作为一项重要任务来落实。公共外交是由政府指导的外交活动，但从事公共外交的人员并不需要都是职业外交官，因此，有必要加强我国地方与美国地方各种势力的多层面交流，通过美国地方媒体，向美公众介绍中美“相互尊重、合作共赢”的故事。

（三）跟进机制建设，理顺并充实现有平台

中国政府应鼓励和推动建立机制化的中美地方交往平台。固定的双边交流机构有助于形成定期沟通，相互配合，使其产生最大效益。随着中国企业“走出去”步伐加快，地方和企业对在美增设机构的需求将会不断增多。中国政府应鼓励这些单位与美国的合作伙伴共同建立合作的平台，加强和拓展中美在政治、经济、文化等方面的联系，通过扩大中美共同利益和互补利益，弥补双方缺乏足够政治互信的条件，强化中美新型大国关系的基础。通过梳理中美友好省州和友好城市关系、校际交流等，对有务实成果、开展较好的要鼓励，用好用足这些机制；对那些无实质内容、有名无实的平台，可以要求取消；对那些仍未建立并确有需要建立的友好合作关系，要在认真研究的基础上推动建立，从而全面平衡地推进中方与美各地方的交往合作。对于交流不多的地区需要加大投入。例如，佛罗里达虽然资源丰富，但因交通不便，与中国方面交往相对较少，加大对此类地区与中国的交往有利于中美地方合作的地域平衡发展。

（四）设置中美 SED 和人文高层磋商分组对话会

中美战略和经济对话会（SED）为稳定中美战略关系发挥了重要作用，因此有必要扩大这一机制的作用。鉴于 SED 和中美人文高层磋商目前只有年度会议，可考虑在年度会议之间增加副部级的分组对话会。从形式上，这可使 SED 形成长年不断的交流机制；从内容上，可使 SED 的具

体议题得到充分的讨论。如果设置军事、经贸、金融、网络文化、教育等六个论坛，就能每两个月举行一次 SED 的分组会议。SED 的分组讨论可分别在中国和美国首都之外的地区进行，这有助于扩大 SED 在中美两国地方上的影响，提升两国地方的交流热情。中美双方增加地方合作项目，则能广泛地调动双方各地的合作积极性。

（五）挖掘潜力，调动地方多种力量的积极性

我国无力促进美国地方势力研究中国的地方情况，但我国政府应鼓励我国地方机构加强对美国地方的研究。要加强对美地方政府、利益集团、社会团体和重要人物的研究。建立美各州和地方重要势力的资料库，这有利于我国地方单位有针对性地与美国相关机构开展交流。发挥好网络媒体的作用，建立并完善美国 50 州的相关数据库，充分掌握各州的具体情况，提升我国与其交往合作的针对性。加强双方省州地方政府官员的交往、建立人脉联系对于中美关系的长远发展也是不无裨益的。增强同地方重要团体和人物的联系，促其在发展中美合作关系上发挥积极作用。此外，中国在美有 400 多万华侨华人，侨团众多，他们大多愿意为促进中美关系健康稳定发展做工作。因此，加强我国地方机构与在美华人团体的联系，也会有利于促进中美新型大国关系的形成。

（六）注意地域平衡，多层次多领域地开展交往合作

我国与美地方的交流要注意地域的平衡，尽可能广泛地调动各地的积极性。美国的地域政治、经济、文化、教育、华人分布各具特色，例如华盛顿特区作为美国的政治中心，是白宫、行政部门、国会和最高法院的所在地；以得克萨斯州为主的美国南部地区实体经济发达，是美国乃至世界能源的中心，云集了 5000 多家能源和化工相关企业，全世界超级石油企业均在此设有大型生产和研发基地；以波士顿为首的东北部地区是美国和世界名校中心，哈佛、耶鲁、普林斯顿、哥伦比亚等常青藤大学均云集于此地区，而以洛杉矶、旧金山等为首的西部地区为新一轮信息革命的摇

篮，也是华侨华人较集中的地区。中国地方单位应加强对美国的了解，有针对性地寻找合作伙伴，有重点地推进双边地方交往。

（七）进一步加强与美国地方媒体接触

美国的州和地方都有各自的代表性报纸、杂志、电台等，地方媒体与地方公众的接触最直接、最受当地民众的关注，对其生活影响较大。目前，中美双方的国家级媒体交往较多，但地方媒体接触较少。事实上，两国基层民众从地方媒体获得的信息多于从全国性媒体获得的。在中美地方交流合作中，应注重与地方媒体的联系。通过地方媒体介绍两国合作的项目和内容，这有利于广大草根群体理解什么是“新型大国关系”，体会这种关系对他们生活的影响，从而支持中美新型大国关系建设。中国方面与美国地方有影响的媒体接触沟通，主动接受地方媒体采访，对改善中美双边关系有利无弊。

（八）加强与美国地方社会团体的联系

美国地方社会团体有着广泛的公众关系网。美国的地方和社会工作有很强的慈善和公益传统，强调公众互助和沟通联系。因此，中美地方交流活动，在接触和合作方式上应注重柔性方式，超越经济合作，积极开展文化、教育和民间人文交往。中国的王道思想是强调讲道义的外交。中美地方交流也应体现我国政府提出的新型义利观。虽然目前中国的综合国力弱于美国，但中国传统的人文精神具有一定优势，在中美地方交流中要体现中华文化优秀的方面，同时也要学习借鉴美国文化传统的有益之处。从人类共同命运与生存发展共同需求的角度，扩大两国各阶层的共同认知和情感，在强调尊重文明多样性的同时，也需要讨论人类共同的价值理念。求同存异是促进不同民族和谐相处的基本原则。

系统、时间与社会进化

——评唐世平《国际政治的社会进化》*

唐　健◎

【内容提要】　唐世平的《国际政治的社会进化》一书，气势宏大，具有为国际政治学科（乃至整个社会科学）奠立新的系统范式的雄心。通过借鉴生物学中的进化论，唐世平搭建了社会进化理论，在协调处理物质与精神两个维度的基础上，将“突变—选择—遗传”机制引入国际政治研究，用以解释国际政治的系统变迁。《国际政治的社会进化》一书具有很多原创性思想。在本体论上，唐世平倡导系统研究，并为如何开展研究进行了有效尝试，很多努力具有突破意义；在认识论上，唐世平的机制研究为超越简单的因果关系研究提供了启示，能够更好地研究不断变化的国际政治。然而，本书也存在一些值得商榷的地方，如：将战争作为国际系统转型的根本标准是否合适；社会进化在空间上的丰富性被抹杀；对社会进化论演化随机性的处理存在问题。

【关键词】　唐世平　系统　时间　社会进化

【作者简介】　唐　健　中国人民大学国际关系学院2013级博士研究生。
电子邮箱：ndtj2008@126.com

* 感谢《国际政治科学》杂志匿名评审专家提出的建议，同时感谢杨原博士在论文写作过程中给予的帮助和意见。文中错漏由笔者负责。

《国际政治科学》2015年第2期（总第42期），第118—151页。
Quarterly Journal of International Politics

启蒙时代的“古今之争”导致古希腊和基督教的目的论思想日渐式微，为达尔文（Charles Robert Darwin）进化论的出现准备了宏观背景。① 1859年达尔文的《物种起源》（*Origin of Species*）出版，其进化论在之后150多年的时间里由饱受争议到被广泛接受，不仅在生物学领域确立了正统地位，② 也在人文社会科学中产生了广泛影响。但是由于学者的误解和错误运用，特别是斯宾塞（Herbert Spencer）等人创建的社会达尔文主义对进化论的错误发挥，使得进化论声名扫地。直到第二次世界大战后，人们思想环境中对进化论的敌视才逐渐散去。③ 在社会学、经济学、心理学、文化学以及政治学等领域，越来越多的学者发现进化论具有整合各自学科、建立宏大叙述范式的能力。

虽然之前已经有学者呼吁将达尔文主义引入国际关系研究并取得了一些成果，④ 但是唐世平的《国际政治的社会进化》（*The Social Evolution of International Politics*）⑤ 却是国际关系学者第一次对进化论进行系统阐释。该书是一部雄心勃勃之作，不仅试图一举解决国际政治领域内主要理论

---

① “古今之争”的内容和影响可以参考迈尔《古今之争中的核心问题：施米特的学说与施特劳斯的论题》，林国基等译，北京，华夏出版社，2004；刘小枫选编《施特劳斯与古今之争》，上海，华东师范大学出版社，2010；刘小枫、陈少明主编《维科与古今之争》，北京，华夏出版社，2008；达尔文进化论的出现与文艺复兴之间关系的简要介绍参见 Michael Ruse, *The Philosophy of Human Evolution* (Cambridge: Cambridge University Press, 2012), pp. 1－4。

② 由于主题和篇幅的限制，本文对生物学领域中的进化论发展历程不做介绍。2009年为了纪念《物种起源》发表150周年，诸多学者合作编辑出版了一本文集，对进化论的发展历程、最新进展及现有争论做了全面介绍。参见 Michael A. Bell et al., eds., *Evolution Since Darwin: The First* 150 *Years* (Massachusetts: Sinauer Associates, Inc. Publishers, 2010)。

③ 进化论在人文社会科学领域的发展历程可参见 Geoffery M. Hodgeon and Thorbjorn Knudsen, *Darwin's Conjecture: The Search for General Principles of Social and Economic Evolution* (Chicago and London: The University of Chicago Press, 2010), pp. 1－18。

④ Bradley Thayer, “Bringing in Darwin: Evolutionary Theory, Realism, and International Politics,” *International Security*, Vol. 25, No. 2, 2000, pp. 124－151.

⑤ Shipping Tang, *The Social Evolution of International Politics* (Oxford: Oxford University Press, 2013). 笔者认为将“evolution”译作“演化”更合适，因为在中文里“进化”多少都含有更高级、更进步的意思，下文将指出这与真正的“biological evolution”或“social evolution”是相违背的。唐世平在自己的博客中也将其书名翻译成《国际政治的社会演化》，一是出于习惯译法，二是在他的一些已被译成中文的正式发表的论文中用的都是“进化”的译法，所以本文依然将“evolution”译作“进化”。

（进攻性现实主义、防御性现实主义、新自由主义和建构主义）之间的争执，更尝试建立新的、综合多种范式的整合范式：社会进化范式，以此筹划国际关系研究的新议程。本文赞同巴里·布赞（Barry Buzan）在一篇简短书评中做出的评价，认为唐世平这本书“包含了重要的富有原创性和洞见的思考，能够激发对国际关系（International Relations）中主要立场和论证的重新思考，但是该书也存在一些大的错误，如果不是全部的话，至少是部分削弱了作者的雄心”。①

唐世平这本书非常依赖他以前的研究成果，但是在该书中这些成果要么被略去不表，要么被极为简单地处理，这不利于读者理解全书内容。因此本文会将他以前的成果与这本书结合起来探讨他理论建构的完整思路，这将使我们深入到唐世平持有的本体论和认识论，理解其理论建构的深层逻辑。②

全文共分为六个部分，第一部分对唐世平的社会进化论进行分析介绍。第二至第四部分探讨这本书存在的重大问题。其中第二部分讨论的是以“战争”作为划分国际体系标准的可行性，以及唐世平对“权力”的分析中存在的问题。第三部分讨论进化多样性问题。第四部分反对唐世平不可逆转的时间观，并针对演化随机性提出自己的历史观。第五部分从探讨社会进化论的本体论和认识论入手，展现唐世平此书对国际政治研究的贡献与启示，同时指出社会进化论可以深入研究的方向。最后一部分对全文进行总结。

---

① Barry Buzan, “Book Review,” *International Affairs*, Vol. 89, No. 5, 2013, p. 1304.

② 这些成果包括：王铸成、唐世平：《科学哲学的哥白尼革命：巴斯卡的“先验（科学）实在主义”》（未刊稿）；徐立峰、唐世平：《科学实在主义与人类解放：巴斯卡的“批判实在主义”》（未刊稿）；唐世平：《社会科学的基础范式》，《国际社会科学》（中文版）2001 年第 1 期，第 84—107 页；《国际政治理论的时代性》，《中国社会科学》2003 年第 3 期，第 140—150 页；《国际政治的社会进化：从米尔斯海默到杰维斯》，《当代亚太》2009 年第 4 期，第 5—31 页；《一个新的国际关系归因理论：不确定性的维度及其认知挑战》，《国际安全研究》2014 年第 2 期，第 3—41 页；唐世平、龙世瑞：《美国军事干预主义：一个社会进化的诠释》，《世界经济与政治》2011 年第 9 期，第 84—111 页；郝诗楠、唐世平：《社会科学研究中的时间：时序与时机》，《经济社会体制比较》2014 年第 2 期，第 194—205 页。上述文章均可在唐世平的个人主页上找到，参见网址 http://www.sirpa.fudan.edu.cn/s/56/t/134/16/fa/info5882.htm。

一　问题的提出与理论构建

时间是任何理论都必须考虑的维度，也就是说任何理论对如何处理时间问题都必须给出或明显或潜在的回答。在国际关系理论中，从时间维度来看存在两种基本分野：循环与进化。[①] 受结构现实主义的影响，循环论在国际政治理论中占据主导地位，而且表现形式单一，即简单的"没有重大变化"。[②] 当然也存在带有进化色彩的理论，如新自由主义[③]和建构主义[④]等等。但是，唐世平指出新自由主义和建构主义虽然多少具有一些进化观的特征，但是都存在着难以克服的问题。[⑤]

那么应该如何正确看待循环与进化之间的分野？如果国际政治是进化的，那么应该如何缔造真正的进化理论？要回答上述问题，首先要在本体论、认识论和方法论上对人与世界的关系这一根本问题做出回答。围绕这一根本问题，社会科学领域形成了不同的基础范式，"这些基础范式如同

---

① 秦亚青：《循环与进化：国际关系理论中的思维取向》，《世界经济与政治》2003 年第 11 期。

② 肯尼思·华尔兹：《国际政治理论》，信强译，上海人民出版社，2008；约翰·米尔斯海默：《大国政治的悲剧》，唐小松、王义桅译，上海人民出版社，2008。

③ 新自由主义将自己的适用范围大致限定在第二次世界大战之后，认为国际制度的发展已经使得国际关系出现了根本性变革。

④ 以亚历山大·温特（Alexander Wendt）为例，他明确指出了国际关系存在三个不同文化主导的阶段：霍布斯文化、洛克文化和康德文化。温特认为随着人们观念的变迁，国际关系已进入了洛克文化阶段，并终将进入康德文化阶段，甚至会出现一个世界政府。参见亚历山大·温特《世界国家的出现是历史的必然：目的论与无政府逻辑》，《世界经济与政治》2003 年第 11 期，第 57—62 页。

⑤ 新自由主义过度依赖功能主义路径来阐释制度的变迁，这使得他们的理论不可避免地沾染了功能主义自身存在的问题，即以和谐路径来研究制度变迁。正如下文将要指出的，唐世平认为与和谐范式相比，冲突范式在本体论上更具优先性。和谐路径无法解决制度变迁的知识不完备、行为体过剩和制度的分配效果等三大难题。唐世平对新自由主义的批评参见 Shiping Tang, *The Social Evolution of International Politics*, p. 36。建构主义者反映了更多的进化观念，在他们笔下国家的偏好不再是固定不变的，温特赋予无政府状态以可变性并指出推动转型的若干可能力量。但是温特和绝大部分建构主义者都过分依赖于观念因素，而忽略或者贬低了物质因素的根本意义。这使得温特等人无法解释那些制造无政府状态的观念为什么能够产生，如何产生以及是怎么扩大影响范围的。Shipping Tang, *The Social Evolution of International Politics*, p. 39. 唐世平还对国际政治理论中其他一些富有进化精神的理论进行了介绍和分析，但认为它们都存在着严重的问题。参见该书第 35—40 页。

手电筒般照亮了人类社会的不同方面或区域”。[1]

唐世平是在“科学实在主义”（Scientific Realism）的基础上看待社会科学的。“科学实在论”决定了其理论构建的几个前提：第一，社会科学中的本体论探讨对于摆脱“认识论谬误”（Epistemic Fallacy）至关重要。科学实在论主张分层本体论，而“机制”是本体论最深的层次，世界是由机制构成的。[2] 因此，社会科学和自然科学一样，都应该探究“生成性因果机制”（Generative Causal Mechanism）。[3] 第二，科学实在论认为存在真实客观的物质和观念世界，它们独立于个体的观察和思考之外。社会科学和自然科学虽然存在巨大差异，但目标都在于理解和解释世界，尽管可能会出现偏差和谬误，但实现真实的知识是可能的。[4] 第三，人类解放。社会科学还担负有实现“人类解放”的任务。通过运用发现的社会机制，人们可以在实践中得到更大的解放。[5]

在科学实在论基础上，唐世平归纳了社会科学中的 11 个基础范式，包括九个基石性范式和两个整合性范式。九个基石性范式共分为四组，分别是物质主义和观念主义、个体主义和集体主义、生物进化和社会化，以及反社会化、冲突范式与和谐范式。这九种基石性范式在本体论和认识论上存在严重冲突，但都只反映了部分事实，因此，每一组基石性范式之间

---

① 唐世平：《社会科学的基础范式》，《国际社会科学》（中文版）2001 年第 1 期，第 84 页。

② 科学实在论之前的科学哲学总是回避本体论问题，认为本体论是无法在主体间进行探讨的形而上学问题，所以都选择将本体论问题放在认识论和方法论层面来讨论，巴斯卡将这一做法称为“认识论谬误”，它使得人成为因果关系的前提，造成“人类中心主义”。因此，“认识论谬误”切断了科学活动与真实世界之间的联系，所以科学活动终将陷入无限的还原之中。参见王铸成、唐世平《科学哲学的哥白尼革命：巴斯卡的“先验（科学）实在主义”》（未刊稿），第 3—6 页。

③ 徐立峰、唐世平：《科学实在主义与人类解放：巴斯卡的“批判实在主义”》（未刊稿），第 3 页。

④ 唐世平：《社会科学的基础范式》，《国际社会科学》（中文版）2001 年第 1 期，第 85 页。参见王铸成、唐世平《科学哲学的哥白尼革命：巴斯卡的“先验（科学）实在主义”》（未刊稿）；徐立峰、唐世平《科学实在主义与人类解放：巴斯卡第“批判实在主义”》（未刊稿）。国内对科学实在主义的研究有任晓明、赵华的《批判实在论的因果机制思想探析》，《自然辩证法研究》2009 年第 9 期，第 39—43 页；殷杰、安篪：《巴斯卡的批判实在论思想：兼议哲学社会科学研究之第三条进路》，《哲学研究》2007 年第 9 期，第 96—102 页；赵华：《巴斯卡批判实在论研究》，南开大学博士学位论文，2010 年 5 月。

⑤ 徐立峰、唐世平：《科学实在主义与人类解放：巴斯卡的“批判实在主义”》（未刊稿），第 7—11 页。

首先要实现融合。从表 1 可见，物质主义、个体主义、生物进化决定论和冲突范式，是在本体论上具有优先性的范式，因此在各自的综合过程中一定要使它们占据更大比重。例如，在建构主义中，观念因素在本体论中占据了绝对优势，所以他们误解了国际系统的本质，解释力有限。

表 1　社会科学的基础范式

	第一维度：观念和物质	第二维度：个体和群体	第三维度：行为的驱动力，三个层次	第四维度：和谐和冲突
本体论优先性较少的范式	观念主义	集体主义	反社会化	和谐范式
			社会化	
具有本体论优先性的范式	物质主义	个体主义	生物进化决定论	冲突范式

资料来源：唐世平：《社会科学的基础范式》，《国际社会科学》（中文版）2001 年第 1 期，第 99 页。

唐世平归纳的这四组九个基石性范式代表了社会科学研究的四个维度，即物质与观念、个体和群体、行为的驱动力以及和谐与冲突，因此要想充分理解人类社会，就必须将这九个基石性范式进行有机综合。在最充分的情况下，社会系统范式可以实现这一任务。在本体论上，社会系统范式认为人类社会是由行动者、社会结构和物理环境构成的复杂系统。从认识论上讲，要认识这一复杂系统只能依靠系统方法。

但是，唐世平恰当地指出社会系统范式忽略了时间维度，因而无法解释社会系统发生的变革与转换。要实现这一点，只能依靠社会进化范式。唐世平表示，“社会进化范式给予了社会系统范式以时间维度并赋予时间以转换社会系统的力量”。[①] 顺理成章，他的任务就是搭建其所称的“真正的社会进化理论”并用以解释国际政治。他认为人类社会与生物系统存在着巨大差异，因此生物进化论必须经过重大修正才能适用于解释人类社会，否则不是全盘错谬的话也必是漏洞百出。在生物系统中，完全是物质力量（Material Force）在起作用，而人类社会与之最大的不同在于精神

① Shiping Tang, *The Social Evolution of International Politics*, p. 30. 类似的表述亦可参见唐世平《社会科学的基础范式》，《国际社会科学》（中文版）2001 年第 1 期，第 96 页。

力量（Ideational Force）的介入。虽然精神力量自身也是生物进化的结果，但是它一旦产生就会深刻地改变人类社会系统。因此，社会进化论必须依靠协调处理物质力量和精神力量两个维度才能阐释人类社会。

从上面的观点可以看出，进化论的“变异—选择—遗传”这一核心机制必须经过调整才能运用到社会科学上。在生物进化中，变异依靠三个完全随机的机制：DNA 破坏、基因材料的交换或重组以及外部入侵。相对应，精神维度的变异（新观念）来源为：新观念的自生、观念互补（Cross-Breeding of Ideas）以及外来观念的入侵。社会进化中精神力量的变异不是随机和盲目的，因为人为地解决问题或达到目标与预期可以创造、引入某种观念，而且现存的社会结构有力地决定了何种观念会产生、被选择和遗传。

在社会进化中，选择的压力来自物质和精神两个维度。物质，即某种观念是否能提高人的福利水平，依然是最终的决定因素。但精神力量在选择将何种观念付诸实践时是更加直接的选择力量，人工选择而非自然选择主导了社会进化的精神维度。

在遗传机制上，生物进化中的“魏斯曼障碍”[①]（无法实现从表现型到基因型的遗传）在精神维度是不存在的，因为个体可以通过学习和接受教育获得先人的经验与知识。因此，观念基因（如观点）和表现型（如制度和文化等）作为习得特性，都可以直接传递至下一代。唐世平将这种遗传方式称为“超级拉马克遗传”（Super-Lamarckian）。但是每一代人不会毫无保留地接受先人传递下来的基因和表现型，他们会进行选择，因此可以说社会进化的精神维度的遗传机制是“内嵌于超级拉马克主义

---

① 格里格·孟德尔（Gregor Mendel）、托马斯·摩尔根（Thomas Morgan）、汤姆逊（William Thomson）、沃森（James Dewey Watson）和克里克（Francis Harry Compton Crick）等人的研究证实了生物进化论的基因基础，证实了新达尔文主义，而否定了拉马克主义。魏斯曼（August Weisman）指出了细胞核（nuclei）和细胞质（cytoplasm of a cell）之间存在障碍，这就废除了习得特性直接遗传的可能性。“魏斯曼障碍”表明基因型可以引起表现型，但表现型无法直接引起基因型。在分子层面，“魏斯曼障碍”表明生物进化中的信息流动是单向的：从基因物质（DNA 或 RNA）到蛋白质，但不能反向为之。参见 Shipping Tang，*The Social Evolution of International Politics*，pp. 13 – 15。

的达尔文主义”（Darwinian Nested within Super-Lamarckian）。[①]

唐世平运用修正后的“变异—选择—遗传”机制来解释人类社会的转型。他认为人类社会经历了伊甸园似的天堂、进攻性现实主义世界、防御性现实主义世界和更加规范化的世界四个阶段。这些转型的原因、进程和影响等问题，只有依靠社会进化范式才能得到很好解决。

在伊甸园式的天堂里，由于资源丰富、人口稀少、空间宽阔，人类是没有战争的。但是随着人口稳步增长，资源和生存空间变得相对短缺，与此同时群体认同以及杀戮的技巧和工具逐步发展起来。人口增长、资源下降和农耕部落的增加这三个因素相互作用，最终摧垮了伊甸园。变异的国家即进攻性国家开始出现，对战争（战败）的恐惧传播至整个（次）体系，该体系逐渐转变成为进攻性现实主义世界。为了满足战争的需要，群体的结构将发生变化，战争制造了国家、社会和我们自己，而国家、社会和我们自己又会制造更多的战争。在这样一个世界里，非进攻性现实主义国家将被淘汰。

但是进攻性现实主义世界必然会进化为防御性现实主义世界，[②] 进攻性现实主义的“征服或者被征服”逻辑是造成这一转变的根本机制。国

① Shipping Tang, *The Social Evolution of International Politics*, pp. 20 – 29.

② 进攻性现实主义和防御性现实主义是现实主义理论内部的重大分野。进攻性现实主义认为国家始终处于危险的无政府状态，在此状态下进攻性现实主义国家将通过有意识地降低他国的安全来保证自己的安全。防御性现实主义也认为国家处于无政府状态，但冲突并非不可避免，因此奉行防御性现实主义的国家不会有意图地降低他国的安全。由于假定的不同，两种理论对国际政治的本质得出了不同的判断，这种分歧无法通过逻辑推演得到解决。两种理论的支持者都试图通过实证的较量证明自己。唐世平认为他们的错误正在于以为国际政治理论只能接受相同历史经验的考验才能证明孰优孰劣，指出要解决进攻性现实主义与防御性现实主义的争端，恰恰要诉诸不同的历史时期。进攻性现实主义适用于伊甸园之后的进攻性现实主义世界，但这是一个自我毁灭的世界，它不可避免地进入防御性现实主义世界。参见唐世平《国际政治的社会进化：从米尔斯海默到杰维斯》，《当代亚太》2009 年第 4 期，第 11 页；Shipping Tang, *The Social Evolution of International Politics*, pp. 97 – 98。对进攻性现实主义和防御性现实主义的区分是依据“他们处理其他国家意图的不确定性及来自于该不确定性的恐惧的不同方式”，他认为区分这两种类型国家的标准是它们对战略的不同偏好，而不是对结果或者目的的不同偏好。参见唐世平《国际政治的社会进化：从米尔斯海默到杰维斯》，《当代亚太》2009 年第 4 期，第 11 页，注释 2。唐世平对进攻性现实主义和防御性现实主义更详细的研究参见 Shiping Tang, *A Theory of Security Strategies for Our Time: Defensive Realism*（New York: Palgrave Macmillan, 2010）。

家间的相互征伐造成了两个结果：国家数量的大幅度下降和国家平均大小（土地、人口和资源）的增加。国家在领土、人口和资源方面的扩张意味着防御将变得相对容易，而征服则越来越困难。

除了上述核心机制，另外三个辅助机制也促进了防御性现实主义世界的到来：第一，随着“进攻—防御”优势互换，系统中的“选择”将对进攻性现实主义国家越来越不利；第二，“征服正变得困难”这一观念的传播，使国家逐渐认识到防御性战略是更优的治国方略；第三，主权观念和民族主义的兴起与传播，使得领土的占领成本更加高昂。二战之后，由于暴力征服导致的国家灭亡基本停止，这一具有决定意义的证据表明，国际政治已经不可逆转地从“米尔斯海默世界”转变成为“杰维斯世界”。

步入“杰维斯世界”之后，我们将向更加规则化和制度化的世界演进。唐世平认为，既有的“和谐学派”和“冲突学派”都无法为制度的产生、变迁和发展提供充分解释，我们需要新的制度变迁的广义理论。他认为制度变迁理论包含以下几个要点：首先，制度之所以重要，是因为它背后有权力支撑，所以争夺制定规则（制度）的权力斗争是首要关注点，这也意味着制度并不是总能提高公共福利。其次，制度变迁的过程包含六个阶段：产生出关于特定制度安排的观念、政治动员、围绕规则制定权展开争夺、创建规则、规则合法化、稳定与复制。这六个阶段与社会进化的“变异—选择—遗传”核心机制相吻合。再次，制度起重要作用的方式是它能够塑造单元（agents）的行为。①

在制度变迁的广义理论与社会进化论范式之下，要理解国际系统中的制度需要注意以下几点：首先，与国内制度一样，国际制度变迁的核心也是围绕制度的制定权而展开的斗争；其次，由于权力是制定和维持制度的关键，所以赢得制度制定权的行为体或行为体联盟对制度的本质有更大的

① Shipping Tang, *The Social Evolution of International Politics*, p. 112；唐世平：《制度变迁的广义理论》，第 7—11 页。

（有时候是决定性的）影响；再次，从社会进化论视角来看，更加规则化的世界只能发生在防御性现实主义世界确立之后；最后，制度一旦确立将会反过来巩固和平，推动国际体系转变成为更加规则化的系统。[①]

由于权力在制度建立和维持中扮演了重要角色，唐世平认为必须对制度进行批判研究，防止将制度、系统、秩序或结构理想化，这样才能认识到更好的（虽然绝非完美的）规则化世界。因此，与一些学者（如温特）预言世界政府将在未来出现不同，唐世平认为世界政府非但不会实现，即使实现也是有害无益。因为制度必然伴随着权力支撑，因此它并不能完全确保自身的正义性，所以它的推广必然伴随着暴力与恐怖。对于制度，我们需要采取批判态度，在批判中不断建立更好的制度，但是在一个世界性的政府内，批判是不存在的。

任何理论建构都会存在疏谬和不足。笔者对唐世平这本书不会吹毛求疵，仅就其“可能”存在的重大问题提出自己的看法和意见。该书至少在以下三个方面存在问题：将“战争”作为国际系统转型的根本标准是否合适，对“权力”的处理也存在问题；社会进化在空间上的丰富性被抹杀；对社会进化论演化随机性的处理存在问题。

二　战争、权力与相对主义

唐世平将战争的有无与多寡作为定义国际体系的根本指标，这带来了三个问题。首先，他认为在“伊甸园时期”，由于人口稀少、生产力低下等原因而相互隔绝，所以人类未能爆发战争。但是，成员间存在起码的互动是“国际体系”这一核心概念存在的前提，因此他笔下的“伊甸园时期”根本不存在国际体系，没有体系就无所谓体系成员，因此这一时期的关系几乎都是群落或部族的内部关系。但是唐世平定义的“战争”只能是体系成员之间的关系，也就是说，他已经将内部关系排除了“战争”

① Shipping Tang, *The Social Evolution of International Politics*, pp. 112 – 114.

的定义。[①] 因此可以说，其“伊甸园时期”是逻辑先于事实存在的，也就是说，即使不依靠事实根据，他的界定也能成立。如果我们能够发现历史上曾经有一段时期，人类群体之间的交往已经十分密切，但却没有战争或战争非常稀少，这时候再给出社会进化论的解释才是真正有意义的。

其次，要想将战争作为判定国际体系性质的标准，就必须论证战争自其诞生之日起（直至其消亡）就在人类社会中扮演了最重要的角色。唐世平也意识到了这一前提，所以他用了大量篇幅来论证“战争制造国家，国家制造战争”及战争文化，[②] 以表现战争决定性地影响了人类社会的其他领域（政治、经济和文化等）的组织形态和实质内容。

毋庸置疑，战争占据绝对主导地位并对其他领域（政治、经济和文化等）产生决定性影响在人类社会有些时间段肯定存在，但是问题在于这些时间段持续了多久？人类历史中是否存在一个进攻性现实主义和防御性现实主义两个世界的划分？

从历史事实来看，战争文化弥漫于军事领域是经常发生的，但是如果它延伸至政治、经济和文化等其他领域，对一个共同体而言是不健康的，也是难以持久的。正因为这样，历代学者对这类国家多持批判态度，认为这种穷兵黩武的倾向会败坏共同体或国家的活力与道德，最终会导致国家的灭亡。按照唐世平的表述，在进攻性现实主义世界中，非进攻性国家在竞争中会被剔除干净，剩下的都是进攻性国家。[③] 这一说法并不准确，借用另一个概念的表述更合适：“自强性改革”成功的国家会赢得胜利，[④]“自强性改革”会发生在政治、经济、文化和军事等各个领域。

如果认识到评估人类社会演进要全面考虑到政治、经济、文化和军事

① Shipping Tang, *The Social Evolution of International Politics*, pp. 43 – 44.

② Shipping Tang, *The Social Evolution of International Politics*, pp. 81 – 87.

③ Shipping Tang, *The Social Evolution of International Politics*, p. 93. 历史经验往往与唐世平的论断恰恰相反，进攻性国家多是“其兴也勃焉，其亡也忽焉”（《左传·庄公十一年》）。

④ 对“自强性改革”的说明参见许田波《大一统对抗制衡》，《国际政治科学》2005 年第 1 期，第 78—105 页；许田波《战争与国家形成：春秋战国与近代早期欧洲之比较》，徐进译，上海人民出版社，2009，第 8—30 页。

等各个领域,[①] 就会发现唐世平的研究至少存在以下两个问题：其一，以进攻性和防御性作为划分国家类型标准的合理性。他以战略偏好将国家划分为进攻性国家和防御性国家，这也构成了划分进攻性现实主义世界和防御性现实主义世界的基石。笔者认为安全上的偏好不足以决定国家的类型。政治、经济和文化上“进攻”色彩浓厚，但是军事“防御”色彩浓厚的国家，与政治、经济和文化上“防御”色彩浓厚，但是军事上“进攻”色彩浓厚的国家到底谁是进攻性国家，谁是防御性国家？仅凭战略偏好就界定国家类型太过片面。这种片面性导致该书无法解释（或放弃解释）进攻性现实主义国家反复再现的根本原因。因为战略偏好必须依靠其他领域才能得到充分解释。

其二，对人类社会的类型划分太简单。如果综合考虑政治、经济、文化和军事诸多领域，就会发现唐世平的伊甸园、进攻性现实主义世界、防御性现实主义世界和更规则化世界的划分方法，不如前现代社会、现代社会和后现代社会等传统划分方式合理，后者的概念虽然显得太过宽泛，但是它们作为宏观框架更具包容性，围绕它们可以建立更细的研究议程，因此相较而言更具有生命力。

最后，在人类社会步入战争数量逐渐减少的防御性现实主义世界和战争消亡的制度化世界后，我们应该用什么来判定人类社会的转型？唐世平对防御性现实主义世界与更制度化世界之间的分野并不明确,[②] 更重要的问题是如何判定未来世界的走向？因此，“战争”这一关键概念缺乏整合全书内容的纵深与外延。在“战争”不起作用之后，另一个指标即“权力”浮现出来。“权力”在该书中多少有些超然存在的意思，唐世平认为它“起源于物质力量与精神力量的互动之中”，是社会选择的关键性力量。[③] 权力

① 就理论建构而言，微观理论和中层理论可以主要局限在某一领域。但是唐世平建立社会进化理论的目标是要奠立整个社会科学的新范式，解释国际政治的系统变迁，因此过度依赖军事领域是很成问题的。

② 巴里·布赞在对这本书的评论中也提出了这一问题，即唐世平没有在防御性现实主义与1945年之后浮现的规则化世界之间做出明确区分。参见 Barry Buzan，“Book Review,” p. 1305。

③ Shipping Tang，*The Social Evolution of International Politics*，p. 24.

概念的引入实现了两个目的：（1）代替“战争”成为判断国际体系趋势的指标，但不是以肯定，而是否定的形式出现，即未来世界具体是什么样不得而知，但肯定不会出现世界政府，这也保证了未来世界一定范围的开放性；[①]（2）“权力”所包含的非正义要素，使得这本书可以服务于唐世平所认可的由科学实在论倡导的社会科学的最终主题：人类解放。[②] 但是“权力”概念的引入也给本书带来了麻烦。

第一，与“战争”相比，“权力”概念体现出更强的适用性。在绝大多数时候，战争只是权力的极端表现形式，是达到更高目标的手段。虽然在不同的领域会有不同的表现内容和形式，但是权力贯穿于人类社会所有领域。迈克尔·曼（Michael Mann）认为，社会的结构和历史最好用四个社会权力来源，即经济、意识形态、政治和军事之间的相互交织来表述。人的天性难以满足，充满欲求，同时，人也是理性行为体，人们通过在行动中形成的组织和制度化的方式来达到自己的目标。社会性互动形成了相互交叠的权力网络。因此理解组织化的权力成了理解人类历史发展的关键。[③] 虽然军事网络非常重要，但仅仅是权力的来源之一。

上述观点表明，相对于战争，以“权力”为主线的国际关系研究具有更大的合理性。唐世平虽然指出了以华尔兹为代表的结构现实主义的弊端，但忽略了以马基雅维利、摩根索等人为代表的经典现实主义的生命力。经典现实主义者意识到了“时间”给理论和实践带来的困难，也准确把握到了“权力”在人类社会生活中扮演的关键角色。但是他们对权力的处理方式在时间性和空间性上存在问题。以汉斯·摩根索（Hans

① 唐世平在阐述能期待社会进化范式能做什么、不能做什么时，明确指出社会进化范式是事后比较（Post Hoc）。社会进化范式承认偶然性，所以它无法准确预测人类社会中特定进化进程的确切路径与结果。

② 徐立峰、唐世平：《科学实在主义与人类解放：巴斯卡的“批判实在主义”》（未刊稿）。

③ 参见 Michael Mann, *The Sources of Social Power* (Cambridge: Cambridge University Press, 1986), pp. 1 - 32。迈克尔·曼的学术思想体现在他的巨著《社会权力的来源》，该套书已写到第四卷，作为理论总结的最后一卷还未出版，但其基本思想在第一卷第一章已经进行了简单介绍。对曼的学术思想进行简介的中文文献可参见赵鼎新《社会与政治运动讲义》，北京，清华大学出版社，2006，第 135—156 页；李钧鹏《迈克尔·曼与批判社会学》，《人文杂志》2014 年第 8 期，第 100—107 页。

J. Morgenthau）为例，摩根索见证了由基督徒、世界主义者和人道主义者等构成的超国家伦理的崩溃，所以他接受了尼采对现代社会“上帝已死”（Death of God）的著名诊断。在这一背景下，对“事实”（truth）的追求构成了理解他总体思想的基石，[①] 他试图通过求助于权力政治来克服现代社会“事实”的相对性造成的“诸神之争”。[②] 但是摩根索将权力的根源追溯为人的动机，而人类的根本动机在时间上很少发生变化，在空间上几乎没有差异，所以作为经典现实主义根基的动机驱动模型是反时间和反空间的，经典现实主义者的理论最终只停留在了现在时。[③] 与曼相比，经典现实主义者缺少个人动机与社会之间的中间机制。[④]

第二，权力与制度密不可分，所以唐世平借用福柯、马克思和葛兰西等人对权力的批判否定了制度拥有绝对正义性的可能。他据此认为世界政府的企图非但难以实现，更是充满危害的。[⑤] 他的批判立场值得肯定，但对权力的分析导致了相对主义立场。

相对主义可以区分为认知相对主义（Cognitive Relativism）和道德相对主义（Moral Relativism）。[⑥] 认知相对主义认为并不存在客观的真实世界，有的只是不同的“视角”（perspective）、不同的人和群体基于文化、习惯等差异对世界有不同观察视角，即具有不同的“世界”。[⑦] 道德相对主义认为道德准则的权威取决于时间和空间，不存在普遍的道德评判标

---

① Sean Molly, “Truth, Power and Theory: Hans J. Morgenthau's Formulation of Realism,” *Diplomacy and Statecraft*, Vol. 15, 2004, pp. 1 – 34; Mihaela Neacsu, *Hans J. Morgenthau's Theory of International Relations: Disenchantment and Re-Enchantment* (Hampshire and New York: Palgrave Macmillan, 2010).

② 对现代社会的“诸神之争”理解和阐释可以参见张志扬等的《“古今之争”背后的“诸神之争”》文集，上海，华东师范大学出版社，2006。

③ Hans J. Morgenthau, *The Concept of the Political* (Palgrave Macmillan, 2012); Hans J. Morgenthau, *Scientific Man vs. Power Politics* (Chicago and Illinois: The University of Chicago Press, 1946).

④ 曼对动机模型明确提出了批评，参见 Michael Mann, *The Sources of Social Power*, p. 5。

⑤ Shipping Tang, *The Social Evolution of International Politics*, pp. 141 – 145.

⑥ 认知相对主义和道德相对主义之间的详细区分可参见 Steven Lukes, *Moral Relativism* (New York: Picador), pp. 2 – 28。

⑦ 对认知相对主义的详细介绍和批判可参见 Harvey Siegel, *Relativism Refuted: A Critique of Contemporary Epistemological* (Dordrecht: D. Reidel Publishing Company, 1987)。

准，批判的不同取向对两种相对主义有不同的立场。

批判性分析大致有三个维度的目标[①]：第一个是解构，代表人物有尼采、福柯和拉康等。他们在认知和伦理上都持相对主义，最终会滑向虚无主义，因此后现代运动日益式微。第二个是“是什么”，如巴斯卡的科学实在论。它强调实在，拒绝认知相对主义，[②] 但是经验描述是无法得出规范性陈述的，这些规范性陈述（目的）“不会来自于自然本身，它们来自于一个与自然不同的、超验的地方”，[③] 因此，科学实在论有滑向道德相对主义的倾向。塞叶（Andrew Sayer）就明确指出，在批判性社会科学（Critical Social Science）中，包括巴斯卡的科学实在论在内都缺少规范维度，造成解放过多，责任太少。[④] 第三个是要在“应然”层面上探讨个人和社会的未来状态，这种对“善”（good）的哲学思维强烈排斥道德相对主义，却有滑向乌托邦或宗教式“弥赛亚主义”的风险。为了克服各自存在的危险，三个维度需要相互平衡。

唐世平的社会进化论对“权力”的批判分析虽然有科学实在论的支撑，但却没能完全避免认知相对主义。他认为所有制度、准则皆是来自地区个别的经验，成为纯粹主观的东西，社会事实的完全主观化与其在基本范式中主张的物质在本体论上的主导地位相悖。

在道德上，唐世平更是明确主张应该奉行相对主义。[⑤] 这至少带来以下几个问题：如果接受道德相对主义，人们将缺乏接受基本道德准则的动机，如禁止谋杀；相对主义会剥夺我们的道德自信，因为我们没有权力（right）去指责触犯道德准则的人；相对主义通过不承认冲突真的存在而

---

① 这种划分是出于论述清晰之必要，三个维度的目标在各个学者的理论体系中可能都会找到。但是三个唯度在学者的论述中会占据不同的比重，而且第一、二维度的理论家存在否认自己的理论含有第三维度的倾向，尤其是第二维度的理论家。

② 拒绝和批判认知相对主义是科学实在论的一个主题，参见 Ruth Groff，*Critical Realism*，*Post-positivism and the Possibility of Knowledge*（London：Routledge，2004）。

③ 汉斯·波塞尔：《科学：什么是科学》，李文潮译，上海三联书店，2002，第 230 页。

④ 塞叶指出社会科学中要实现“规范转向”，参见 Andrew Sayer，*Realism and Social Science*（London：Sage Publication Ltd，2000），pp. 155－188。

⑤ Shipping Tang，*The Social Evolution of International Politics*，p. 145.

取消了道德判断之间的冲突。① 吊诡在这里出现了，从批判理论出发得到的相对主义最后是排斥批判的。

如果承认批判分析的第三个目标维度对人类而言是必要的，那么人类社会的演化就会出现方向和前景。② 从这个角度看，康德、黑格尔、马克思和温特对于人类社会演进方向的思考就是可以理解的：虚无主义和相对主义必须依靠更高价值得以调校。因为取消了批判的第三维度，所以唐世平只能把道德规范交付给进化论，但问题在于进化论（包括社会进化论）自身存在的一个问题就是它无法给予个体和群体以存在的意义。在笔者看来，这是进化论一直没法在社会科学领域发挥巨大影响的重要原因之一。一种可能的辩解是社会进化范式的一种事后比较，所以不需要考虑“合目的性”或应然层面上的问题，但是正如唐世平在早先一篇文章中所指出的：“所有的国际政治理论都不是纯粹为了解析历史或者现在，而是为了指导现在的政策以塑造未来。”③ 更重要的是，在开放时间的视野下，过去、现在和未来三者是相互影响的，个人和集体对未来的判断会影响对过去的重构和现在的思与行。④ 社会进化论要想在人文社会科学领域站稳脚跟，必须重提（作为进化论兴起背景的）“古今之争”，妥善处理偶然性与合目的性、相对主义与绝对主义之间的张力。⑤

---

① Steven Lukes, *Moral Relativism*, pp. 17 – 18. 对道德相对主义的批评还可参见列奥·施特劳斯《自然权利与历史》，彭刚译，北京，生活·读书·新知三联书店，2006；艾伦·布卢姆《美国精神的封闭》，占旭英、冯克利译，南京，译林出版社，2007。

② 这一观点并不否认方向和前景可能是错误的、是会发生变化和改变的。比如说“工业化浪潮”“民主化浪潮”等，它们都是人类社会具有一定方向性的体现。但是有如它们各自的批判者所言，这一趋势或方向可能会给人类带来灾难性的影响，避免它们的负面影响又使人类社会出现另外的方向性。

③ 唐世平：《国际政治理论的时代性》，《中国社会科学》2003 年第 3 期，第 141 页。

④ 本文的第四部分对这一观点进行了更详细的阐述。

⑤ 唐世平在书中多次提到将用一本新书《论社会演化》（*On Social Evolution*）来详细阐述社会进化论，但是从其博客中已经列出的本书内容安排来看，他没有为解决这一问题留下篇幅。在笔者看来，社会进化论要想在社会科学发挥影响就必须合理处理这一问题。唐世平：《我的下一部书“*On Social Evolution*”（论社会演化）内容安排》，参见 http：//blog. sina. com. cn/s/blog_744a73490101pl7i. html。

三　空间与演化多样性

地理环境对人类社会的影响巨大，“地理与人民二者常相待，然后文明以起，历史以成”。[①] 唐世平已经注意到了地理环境对国际政治的重大影响，[②] 但他的处理方式仍将空间范畴简单化了。他将地理环境附属于社会系统，即地理环境只是社会系统的一部分。由于人类社会系统在唐世平的理论体系中是以整体出现的，即在历史的阶段划分中整个人类社会系统在时间上是无差别的（在其划定的时间范围内，不同地域的部落、国家和文明呈现出统一的行为特征），所以不同空间的差异被消除了，地理环境的独立性消失了。[③] 对地理空间的这种处理方式彻底取消了次系统表现根本差异的可能性。

强调地理环境的独立性并不是奉行地理决定论，而是注意次系统表现出来的不同。多样性和复杂性是进化论的必然结果。地球上的所有生物彼此都有着或近或远的亲缘关系，有着共同的祖先。物种的形成过程就是生物多样性的增加过程。具体到人类社会，目前世界上大约有 1 万种不同宗教、7000 种不同语言，每种语言都含有 50 万左右的词汇。[④] 虽然人类具有类似的理性思维，这决定了人类历史的可理解性和形式上的同一性，但是如果将人类基本的理性、行为能力看成是“基因”的话，那么它们之间的组合与互动则会产生截然不同的“表现型”：偏好、习俗和文化传统

---

① 梁启超：《中国史叙论》，《饮冰室文集》（第六卷），北京，中华书局，1988，第 5 页。

② Shipping Tang，*The Social Evolution of International Politics*，pp. 156 - 157.

③ 唐世平在另一篇与他人合著的文章中专门突出了地理环境这一因素的差异性，探讨了地理因素对美国战略思维的影响，“地理环境和被技术优势放大的综合国力是理解美国海外军事干预的两个不可或缺的物质变量”。参见唐世平、龙世瑞《美国军事干预主义：一个社会进化论的诠释》，《世界经济与政治》2011 年第 9 期，第 84 页。但是，在《国际政治的社会进化》这本书中，唐世平的内容安排和写作方式表明其否认了在长时段内次系统表现出巨大差异的可能性。

④ Alex Mesoudi，*Cultural Evolution：How Darwinian Theory Can Explain Human Culture and Synthesize the Social Sciences*（Chicago and London：University of Chicago Press，2011），p. ix. 需要特别指出的是，这里说明的多样性无法证明前文谈到的道德相对主义的合理性，因为这是一种“外在观察”。如果将自己置身于文明“内部”，那就必须对如何处理不同文明间相互冲突的道德标准给出评判、协调与取舍，即依靠何种标准处理冲突，这些标准必然需要超越相对主义。

等。换言之，在地理、时间和人实践[①]的驱动下，次系统还是可以表现出截然不同的行为方式和文化内涵的。

卡尔·雅斯贝尔斯（Karl Jaspers）认为，在公元前500年左右和公元前800—200年的历史过程中，人类迎来了“轴心时代”。在“轴心时代”主要的文明体都创造出了不同的、将彼岸世界与此岸世界链接起来的系统的知识框架，直至今天依然是“我们思考的基本范畴，创造了人类赖以存活的世界宗教之源头”。[②] 不同文明体不是黑格尔所说的从低级到高级的发展，而是“同时代、并无联系地并列存在的一个整体”。[③] 正如奥斯瓦尔德·施本格勒（Oswald Spengle）和阿诺德·汤因比（Arnold Joseph Toynbee）所认为的，这些不同的文明都是有机的生命体，它们有自己的开始、发展和结束。[④]

在农业时代，世界上存在着拉丁基督教世界（Latin Christendom）、伊斯兰和游牧文明（Islam and Pastoralism）、印度和种姓制度（India and Caste）及中华帝国（The Chinese Imperial State）。这几大文明都沿着自己的道路在发展，最后只有拉丁基督教世界演化出了现代工业文明。[⑤]

---

① 这三者都具有特殊性，地理环境差异体现在地势、气候、土壤等等。受技术等可变因素的影响，地理之于个体和社会系统的意义处在变化之中。参见吴征宇《霸权的逻辑：地理政治与战后美国大战略》，北京，中国人民大学出版社，2010；吴征宇：《地理政治学与大战略》，北京，中国法制出版社，2012。时间对不同的人和地区也具有不同的意义，参见乔治·古尔维奇《社会时间的频谱》，朱红文等译，北京师范大学出版社，2010。在教育背景、阶级背景、先天因素、偶然性因素等多种因素的影响下，个人的实践会存在巨大差异（特殊性），群体也一样。但特殊性并不意味着不可理解，恰恰相反，有学者认为普遍性存在于特殊性的相互沟通与交流之中。参见陈嘉映主编《普遍性种种》，北京，华夏出版社，2011。

② 卡尔·雅思贝斯：《历史的起源与目标》，魏楚雄、俞新天译，北京，华夏出版社，1989，第7—8页。

③ 卡尔·雅思贝斯：《历史的起源与目标》，魏楚雄、俞新天译，北京，华夏出版社，1989，第18页。

④ 参见奥斯瓦尔德·施宾格勒《西方的没落》，吴琼译，上海三联书店，1996；阿诺德·汤因比《历史研究》，郭小凌、王皖强译，上海人民出版社，2010。

⑤ John A. Hall, *Powers and Liberties*: *The Causes and Consequences of the Rise of the West* (Berkeley: University of California Press, 1986). 这里不是说拉丁基督教文明和现代工业文明是最好的文明，实际上它们都存在重大缺陷，比如说基督教思想传统中的“千禧年主义”流毒甚广，参见 James M. Rhodes, *The Hitler Movement* (California: Hoover Institution Press, 1980)；约翰·格雷《黑弥撒：末世信仰与乌托邦的终结》，付强译，北京，中国社会科学出版社，2013。赵鼎新认为工业资本主义并不一定是一个值得庆祝的历史现象，他质疑其正反馈文化能持续多久。参见赵鼎新《费纳与政府史研究》，《社会学研究》2008年第4期，第210页。

在不同的文明形态中，政治、经济和意识形态作为社会权力的来源运作方式是不同的。[①] 以宗教（意识形态）为例，宗教在中国和其他文明中扮演了完全不同的角色。实际上在从前轴心时代到轴心时代的过渡过程中，中华文明就表现出与其他文明不一样的地方，即孔子（轴心时代）更多的是继承和发挥了周文化（前轴心时代），而不像其他文明与前轴心时代更多的是对立。周文化经过轴心时代儒家文化的发展定型为中国文化以后几千年的气质，“这种气质与那些重视来生和神界，视人世与人生为纯粹幻觉，追求超自然的满足的取向有很大不同，更倾向于‘积极的、社会性的’、‘热忱而人道的’价值取向”。[②] 因此，宗教一直未能在中国占据核心地位，中华文化具有很强的入世和理性主义倾向。反观欧洲，直到 17 世纪左右才逐渐摆脱政教合一的状态，这也是中国文化在 18 世纪受到启蒙思想家推崇的根本原因。

文明的差异性拓展了文明进步的空间。著名法国汉学家朱利安（Francois Jullien）从解析《易经》的开篇乾卦“元亨利贞”入手，认为中华文化在其开端就不同于希伯来、希腊文化。希腊思想以二元对立（真理/表象、主体/客体、存在/生成等）为开端，《易经》首句思考的却是所有过程（天之道）的启动、开展、得利和更新。《圣经》以创世者作为第一主体，而“元亨利贞”抛开了主体，思考的是过程之中的操作性。因此，中华文化对欧洲文化来说构成了完全意义上的“他者”（由于地缘关系，欧洲对印度文化和阿拉伯文化是相对熟悉的），这个“他者”是欧洲思想在以后能够得以继续拓展的宝贵资源。但是到目前为止，欧洲仍然只是以先进文明自居来欣赏和把玩作为“异国情调”的中国文化，从来

① 与曼不同，霍尔（John A. Hall）认为军事不能作为单独的一个社会权力的来源，它只能附属于政治。例如火药作为一个重要的军事技术只有在欧洲这样的国家体系中才能占据主导地位，而在不同的国家结构中，如中国完全可以脱离它而正常运转。参见 John A. Hall, *Powers and Liberties: The Causes and Consequences of the Rise of the West*, p. 19。

② 陈来：《古代宗教与伦理：儒家的思想根源》，北京，生活·读书·新知三联书店，1996，第 7 页。

没有真正“进入”这个他者。①

国际体系中处于不同空间的次体系也可能具有完全不同的特征。以中华帝国为核心的东亚次系统并不符合唐世平的进攻性世界的划定。他主要以兵家（孙子）和法家（韩非子）的著述以及秦国的历史事实为依据来论证中华体系的进攻性现实主义特征。但是应该注意到，韩非子和秦文化是对周文化的反叛，秦国皈依法家后迅速崛起也迅速败亡，法家此后也一蹶不振，自此从未成为华夏文化的主导。这也说明进攻性现实主义有强烈的自噬逻辑，根本不可能持久。继秦而起的汉朝建立在对法家和秦朝历史深刻的反思之上，从陆贾到贾谊，再从晁错到董仲舒，汉儒批法批秦一以贯之，所以有学者认为“‘灭秦’或‘秦灭’也绝不止于一朝一姓之灭亡，而是一种生存方式、思想方式、感受（或感情）方式的覆灭”，是合理的。②

从汉朝反对秦的重法开始，中国的战略传统发生了根本转变。虽然正如有学者指出的，除了存在“以精致迂回、规避激战、不冒风险和严控成本为首要特征的孙子式战略传统及其外交意蕴”之外，中华帝国也确实存在“决战决胜的彻底歼灭和大规模远征的战略传统”，③ 但是学者们大多同意最晚从宋代开始，中国就具有了内敛的性质，用唐世平的术语来说是奉行“防御性现实主义”。著名史学家雷海宗先生甚至认为，自秦以下中国都是“一个完全消极的文化，主要特征就是没有真正的兵，也就

---

① 朱利安：《进入思想之门：思维的多样性》，卓立译，北京大学出版社，2014。

② 张祥龙：《拒秦兴汉和应对佛教的儒家哲学：从董仲舒到陆象山》，桂林，广西师范大学出版社，2012，第 41 页；陆贾的传记参见班固《汉书》，北京，中华书局，1962，第 2111—2116 页；贾谊的传记参见班固《汉书》，第 2221—2266 页；晁错传记参见班固《汉书》，第 2276—2305 页；董仲舒传记参见班固《汉书》，第 2495—2528 页。这些传记对他们的生平和主张进行了简要的介绍。汉儒评秦首推贾谊的政论代表作《过秦论》，其全文可见刘殿爵编《贾谊新书逐字索引》，香港商务印书馆，1994，第 1—6 页。

③ 时殷弘：《武装的中国：千年战略传统及其外交意蕴》，《世界经济与政治》2011 年第 6 期，第 4—33 页。时殷弘教授指出到明朝，儒家战略在中国占据上风，中国的战略传统没落。朱中博认为要注意中国大战略行为中的双面性，但他同时指出“中国在强大时期（包括国力上升时期）的战略仍然是以消极性为主”。参见朱中博《中国古代强盛时期的大战略》，《国际政治科学》2011 年第 4 期，第 32 页。

是说没有国民，也就是说没有政治生活。为简单起见，我们可以称它为‘无兵的文化’”。①

虽然朝代循环往复，“夷夏”互有攻守，但是在中华帝国主导下的地区国际体系几乎从来都不是进攻性现实主义世界。唐世平所罗列的国家数量的减少，与其说是战争逻辑的结果，不如说是文明扩展的结果：中华文明的主动传播以及入主中原的少数民族不断被同化。② 因此，笔者赞成赵鼎新对中国历史两项主要特征的判定：③ 第一，与古代世界其他地方不同，在中国帝制时代，军队由文官控制，军队将领不拥有决定性的影响，除非内战和乱世，武将一般没有干预政事的能力；第二，世界史上绝大多数帝国均凭借军事征服以实现领土扩张，而帝制中国的开疆拓土，特别是其在北方的影响，常常是北方游牧民族入主中土之后自身汉化的结果。④

通过上面的论述，为了更好地分析空间在人类社会演进中扮演的角色，笔者主张将“地理”从“系统”的定义中分离出来，但是在研究系统时要考虑系统与地理环境之间的互动。这样一来开放的历史不仅可以在时间维度展现多样性，也可以在空间维度涌现出复杂性。

---

① 雷海宗：《中国文化与中国的兵》，长沙，岳麓书社，2010，第 102 页。

② 雷海宗：《中国文化与中国的兵》，岳麓书社，2010，第 125 页。这也质疑了唐世平的一个判断，他认为那些拥有良好制度（能提高整体福利）的群体或国家会赢得战争的胜利。但在历史上往往是“蛮族”战胜先进文明，导致先进文明的灭绝，或者蛮族被“文明化”。这同样证明军事领域不同于政治、文化领域的独立性和特殊性。

③ 赵鼎新：《东周战争与儒法国家的诞生》，夏江旗译，上海，华东师范大学出版社，2011，第 1—2 页。

④ 有学者质疑中华文明的拓展与近代西方的“文明帝国主义”类似（参见时殷弘《文明帝国主义的中国版本：司马相如〈难蜀父老〉及其他》，《文化纵横》2011 年第 4 期，第 97—100 页）。笔者认为即便多少有些相似成分，但是中华文化辐射圈的扩大决然不同于近代西方的“福音式”外交。虽然中国自古以来也有“夷夏之辩”，如孔子说“夷狄之有君，不如诸夏之亡也”（原文及其解释可参见李泽厚《论语今读》，北京，生活·读书·新知三联书店，2004，第 81—82 页）。但是“夷夏”之间没有绝对对立，更重要的是传统中国不推崇以暴力形式推广自己的文化价值观，而强调通过自我反思来树立榜样，“故远人不服，则修文德以来之。既来之，则安之。”（参见李泽厚《论语今读》，第 451 页）“福音式”外交根植于希腊—基督教的二元对立传统，在实践上则表现为认可和鼓励武力改造“落后文明”（包括殖民、奴隶和种族屠杀）。关于中国的“夷夏之辩”参见曾亦、唐文明主编《中国之为中国：正统与异端之辩》，上海人民出版社，2012。

四　历史哲学与演化随机性

唐世平是反对线性历史观的，但是他对时间的处理却表现出“线性”特征。他的“线性”色彩体现在将人类历史划分为几个截然不同的阶段，而且这些阶段不可逆转。正因如此，唐世平认为错过一个时代，理论的适用性就无法挽回地逝去了。

唐世平在这本书中对人类阶段的划分归根结底是以精神为标准的（虽然这些精神有物质支撑），进攻性现实主义、防御性现实主义、更加规则化的世界终究要落实到个体和集体的精神层面。[①] 但是与物质不同（学者们对人类阶段的划分恰恰多是以物质性的标准为根据的）[②]，人类的精神却不是不可逆转的。如果说进攻性现实主义文化在防御性现实主义和规则化的世界被移除了，那么从根本上讲，处于后两个世界的人是无法理解进攻性现实主义的。进攻性现实主义文化依然可以被理解，这一事实说明，个人和集体依然可以运用进攻性文化蕴含的思维方式。只要这种思维方式还能被人类运用，就无法保证它不会再被付诸实践。正如社会进化论所强调的偶然性，系统在未来的“突现效应”可能会激发这一思维方式。例如，前文提到秦文化在秦朝立国15年后在中华文化中就难以立足，但是到了毛泽东时代，秦的文化特征、思维方式和政治精神又一次得到比较清晰的浮现。[③]

---

① 唐世平不否认在防御性现实主义世界中会出现进攻性现实主义国家（Shipping Tang, *The Social Evolution of International Politics*, p. 97），这就承认战略偏好可以脱离世界政治的现实状态（唐世平意义上的）而出现，说明如果没有彻底改变精神层面（要彻底改变战略偏好），世界的转变只是空谈。

② 如以政治组织为标准，人类社会可以划分为群体（band）、部落（tribe）、酋邦（chiefdom）、国家（states）。按照制造工具的物质和技艺，人类划分为石器时代、青铜时代和铁器时代；按照生产方式，人类社会被划分为狩猎及采集、农业和工业时代等等。参见 Shipping Tang, *The Social Evolution of International Politics*, p. 28。

③ 从毛泽东时代对秦朝的推崇可见一斑，而且秦的自噬逻辑在这一时期也再次得到清晰体现。参见张祥龙《拒秦兴汉和应对佛教的儒家哲学：从董仲舒到陆象山》，广西师范大学出版社，2012，第38—39页。

个体和集体的精神可以逆转源于两个原因：第一，来自个人心理学的解释。虽然在不同的时代其表现形式会有所不同，但是基因决定了人类的一些行为或观点会反复出现。[①] 唐世平对生物社会学和进化心理学的最有力攻击是个人基因与群体行为之间缺乏必然的逻辑联系，但是考虑到个体在本体论上占据更大比重、群体容易进入集体无意识、集体可以学习个体行为等等原因，个人心理学还是可以解释很多集体行为的。

第二，个人和集体拥有学习和反思能力。[②] 个人和集体会学习过去的技术、经验和文化。此外，个人和集体还拥有反思能力。一旦在未来遇到非预期的事件，个人和集体会对过去进行反思和重构。反思和重构针对的是社会时间而非物理时间。后者是真实发生的事情，一旦过去就无法更改，而前者在现在和未来则会被个人和集体不断重组并赋予不同意义。反思和重构的社会时间层面不断发生，被抛弃的习俗、文化、思维方式在未来必要的情况下会被重新赋予意义。因此可以说，个人和集体在现在和未来会有意识地恢复过去的社会结构和社会文化。[③] 因此，任何人都无法宣称进攻性现实主义世界或防御性现实主义世界已经不可逆转地逝去。虽然个人的理性现在无法理解进攻性现实主义和防御性现实主义的再返，但是如果理性能完整地推定未来，社会进化论所强调的偶然性就是无意义的。

如果线性的时间观并不正确，那么应该持有何种时间观（历史哲学）呢？贝尔特（Patrick Baert）总结了西方的思想传统中的三种时间观：永

---

① Shipping Tang, *The Social Evolution of International Politics*, pp. 48 –49.

② 唐世平认为“严格说来，集体并不学习，只是其中的个体学习。集体学习终究要依赖于个体学习”。(Shipping Tang, *The Social Evolution of International Politics*, p. 169) 笔者认为集体也拥有学习能力，这种能力蕴藏于集体的交流互动与模仿能力之中，因此集体可以通过学习获得“共有知识”“共同身份”等等。而且个体的一些学习能力（如沟通、换位思考等）离开集体是难以实现的。

③ 比如说近年来很多人对民国进行了反思和重构，这有助于我们重新认识那段历史。但是不少学者对于民国时期学术发展、自由风气、政治生态及精神风貌的描写过于片面和夸大，使民国俨然成为一个失落的“乌托邦”，含有严重的历史虚无主义倾向。这是物理时间和社会时间脱节的明显案例。对个体和集体的反思能力的探讨，参见帕特里克·贝尔特《时间、自我与社会存在》，陈生梅、摆玉萍译，北京师范大学出版社，2009，第 94—135、139—140 页。

久排列的时间观（Eternal Permutational Conception of Time）、封闭的历史观（the Closed Historical Conception）和开放的时间观。[①]

永久排列的时间观认为存在永恒的完美秩序，在流动的时间中出现的规则只是完美秩序不完全乃至扭曲的显现。巴门尼德、柏拉图和笛卡尔是这一时间观的代表人物。20世纪大行其道的结构主义也认同这种时间观，主张无时间的结构存在于人类社会始终。以这种时间观为指导的理论认为只要进行共时性研究就足够了，因为世界的本质永恒地存在于现在。

封闭的历史观认为永恒秩序将随着时间的展开而最终显现。基督教的阶段论是封闭历史观的典型代表。受物理学机械因果论的鼓舞，封闭的历史观在19世纪占据主流，孔多塞和赫尔德等历史学家是代表人物。但是随着封闭的时间观在实践上的失败以及在理论上不断受到责难，[②] 其在20世纪末走向没落。

上述这两种时间观在西方历史上占据主导地位，所以西方社会科学都注重共时性研究，寻求建立普遍联系。这也就不难理解为什么功能主义和结构主义能够长期在国际政治研究中占据主导地位。对这两种时间观的执着忽视了第三种时间观，即开放的时间观的存在。

开放的时间观认为秩序只存在于时间之中，每个“现在”都可能把

① 对这三种时间观的划分与总结参见帕特里克·贝尔特《时间、自我与社会存在》，第1—9页。

② 最著名、影响力最大的批判来自卡尔·波普尔（Karl Popper）。参见卡尔·波普尔《历史决定论的贫困》，杜汝楫、邱仁宗译，上海人民出版社，2009；卡尔·波普尔《开放社会及其敌人》，陆衡等译，北京：中国社会科学出版社，1999。波普尔对历史决定论的质疑、对开放社会的倡导获得了巨大影响，这种影响既源自于波普尔思想其本身的深度与力度，同时也得力其契合了战后西方主流思想以及“政治正确”的时代话语。也有学者对其思想表示了怀疑乃至激烈批判，如列奥·施特劳斯（Leo Strauss）。参见甘阳《政治哲人施特劳斯：古典保守主义政治哲学的复兴》，列奥·施特劳斯《自然权利与历史》，彭刚译，生活·读书·新知三联书店，2003，第7页。波普尔的问题在于他否定了历史决定论之后，为我们呈现的是断裂的、破碎的、残片式的人、世界和历史，由此潜藏了两个最重要的危机，即主体虚无与彼岸破除。陈思贤的一段追问很有启发意义：在社会哲学中“good”有两层意义，一是“裨益”，一是“善”；我们可将“点滴工程”（即渐进的社会工程）理论视为替我们追寻实际生活上的“裨益”，而政治“哲学思维”则是追求“善”的蓝图，但我们怎可忘记那古典哲学中的首要信念：“善”是人类生活中最大的“裨益”？参见陈思贤《西洋政治思想史（古典世界篇）》，吉林出版集团有限责任公司，2008，第238页。

“过去”和“未来”分开。这种时间观的典型代表就是达尔文。但是开放的时间观就意味着历史是完全随机的吗？约翰·杜威（John Dewey）认为，人的存在必须依赖一定程度的确定性，追求确定性的方式有两种：一种是改变自我来适应环境，这表现在传统哲学对思辨和理论的崇拜以及宗教在人类历史中的作用上；另一种是通过技术实践来改变环境。①

偶然性/随机性和确定性的共同作用，意味着历史哲学要摆脱变化与不变之间的二元对立。以赫拉克利特和巴门尼德/柏拉图为代表，西方的历史观念总徘徊在绝对变化与恒久性两极。一个可以操作的路径是引入短时段和长时段的区分。在系统中人的行为与互动多集中在短时段而结构和趋势却体现在长时段。短时段不断面临着偶然性和（行为和互动的）非意图结果，长时段的结构和趋势却具有相对稳定性。

但是与结构主义不同，本文认为长时段里也会发生突变。突变的原因在于个人和集体会反思在短时段里遭遇到的偶然性和非意图结果，然后会对社会结构和趋势进行修正。但是这里反思和修正是有限度的，历史并不会因此而呈现出随机的性质：

其一，因为社会结构对人的行为有强大的规范功能，因此在遇到偶然性和非意图结果时，个人首先想到的不是调整社会结构和趋势，而是调整自己的行为来适应结构和趋势。

其二，结构和趋势的变更依赖于集体的反思和行动。个人和小集体在偶然性和非预期结果的冲击下，即使认识到了既有结构和趋势的不合理，也缺乏足够力量对它们进行修正。个人和小集体缺乏足够的组织力量来整合权力资源以对抗现有秩序，所以往往只能以零散的反社会行为而告终。

其三，如果集体进行反思后决定改变现有结构和趋势，变革行为的发

---

① 约翰·杜威：《确定性的寻求：关于知行关系的研究》，傅统先译，上海人民出版社，2004。

生也无法脱离传统。不存在“无中生有”，对结构的改变必须依赖于历史资源。因此，历史的变化与不变的辩证统一，存在于短时段和长时段的交互作用中。[①]

变化与不变的统一意味着唐世平持有的不可逆转的历史观是不可取的。物理时间是不可逆转的，但是声称社会实施了新的制度以及建立了新的文化之后就不会再回到以前的制度和文化之中却是错误的。人们总是在有意识地复制和重演过去的制度和规范。

本文认为循环论和辩证法更符合上面分析的历史观。循环不是无变化，而是类似于维柯、斯宾格勒和汤因比等人主张的逻辑模式的重复，借用柯林伍德对维柯的理解来解释这里的循环：“这种周期性运动并不是历史通过若干固定阶段周而复始的一种单纯的循环，它不是一个圆而是一个螺旋；因为历史绝不重演它自身，而是以一种有别于过去事情的形式而出现于每个新阶段。”[②] 历史的变化从稳定、渐变到突变再回到稳定、渐变也呈现出逻辑循环。辩证法的正题、反题与合题意味着每个阶段都会引起相反的阶段，每个阶段都存在着矛盾，矛盾引发稳定中的渐变，最后迎来突变，突变之后又会存在新的矛盾。[③]

真实的历史比唐世平设想的要更为复杂。不同的个人和组织（次国家行为体、国家和跨国行为体等等）在循环和辩证过程中拥有不同的节奏和方向，它们之间的互动在趋同的同时也会产生新的分离。所以不存在伊甸园、进攻性现实主义世界、防御性现实主义世界和规则化世界的划分，在空间范畴里它们往往并存，在时间范畴里它们可能隐匿不现，也可能重新降临。

---

① 因此马克思主义进入中国只能被“中国化”。即使在“文化大革命”这样最彻底、最极端的与传统告别的运动中，其内在实质也最多只能是“秦始皇加马克思”。

② 柯林伍德：《历史的观念》，何兆武等译，北京大学出版社，2010，第69页。

③ 但是应该放弃黑格尔和马克思辩证法中的封闭的时间观。在他们认为的历史发展过程中人的反思和行动能力显得微不足道，更高级的历史在未来将不以人的意志为转移的出现，这与开放的历史哲学相违背。

五　社会进化论与国际关系理论创新

社会进化论的本体论和认识论对国际关系理论发展有非常重要的启示。从本体论上讲，首先，社会进化论强调系统研究，进化只能发展在系统里。因此，唐世平号召要“打倒结构的正统地位”。① 受肯尼思·华尔兹新现实主义革命的影响，② 结构主义在国际关系领域确立了统治地位。自此之后，现实主义（进攻性现实主义、防御性现实主义和新古典现实主义）、新自由主义和建构主义均未能突破结构主义的影响。尽管他们对结构的定义有所不同，许多学者也对华尔兹的结构理论进行了反思，③ 但唐世平正确地指出，只要视野仍然局限在结构上，那么对国际政治的理论认知将依然是不全面和扭曲的。国际政治是系统，而非结构，④“结构自身能决定的东西微乎其微”。⑤ 只有系统研究才能综合九个基石性，协调处理物质与观念、个人与群体、行为的驱动力以及和谐与冲突等

---

① 这里借用了唐世平在另一篇文章中的表述，参见唐世平《一个新的国际关系归因理论：不确定性的维度及其认知挑战》，《国际安全研究》2014 年第 2 期，第 38 页。

② 阿什利对结构主义和华尔兹的结构理论进行过深入批判，但是与阿什利的“破而不立”相比，唐世平不仅对结构理论进行了批判，而有效地建立起了系统理论。参见理查德·K. 阿什利《新现实主义的贫困》，罗伯特·基欧汉编《新现实主义及其批判》，郭树勇译，北京大学出版社，2002，第 232—273 页。结构主义在国际政治研究中大行其道，还受科学主义思潮的影响，后者致力于建立单一的、普世的且简洁优美的理论。

③ 不同理论流派对“结构”的定义是不同的。华尔兹和米尔斯海默的结构定义是完全物质性的，而且只考虑物质力量分配（因为无政府状态是恒常的，国家的性质一样）。罗伯特·杰维斯、格拉泽等人则在物质维度中加入了技术等要素。温特则将个体和互动纳入了结构定义，但是与现实主义者不同，他的结构定义完全倒向了精神力量。与华尔兹和温特相比，新自由主义的结构定义则考虑了物质和精神两个维度（如相互依赖就既是物质也是精神的）。唐世平将结构界定为“一套制度系统”，这与华尔兹物质化的结构定义截然不同。在社会学研究中“结构”更倾向于唐世平的定义，即将“结构”视为一套规则、制度甚至意义系统。参见 Shipping Tang，*The Social Evolution of International Politics*，pp. 153 - 156。

④ 唐世平对系统的定义、系统与单元的互动等等参见 Shipping Tang，*The Social Evolution of International Politics*，pp. 151 - 178。

⑤ Shipping Tang，*The Social Evolution of International Politics*，pp. 161 - 166.

社会科学研究中的四大纬度，充分融入社会的复杂性和多样性。[①]

其次，社会进化范式要求将时间维度赋予系统研究。[②] 现在的社会科学研究普遍存在“去时间化”的倾向，郝诗楠和唐世平曾对这一倾向进行了批评：“长久以来，社会科学的研究好像忘记了时间。”[③] 国际关系研究对普适性的追求几乎到了偏执的地步，结构和系统研究都是去时间化的。即使是赋予“无政府状态”以可变性的温特也承认“建构性分析在本质上静态的”。[④] 唐世平的研究将时间纬度带入了国际政治。他提倡的社会进化范式认为社会系统是一个随着时间而进化的系统，其进化的力量来源于九种基础范式所阐释的力量之间的互动。

在认识论上，为了研究不断变化的世界，本文认为应该加强科学实在论基础上的（因果）机制研究。所谓“机制”是指事物起作用的方式，它要么存在于事物自身的结构，要么存在于事物之间的结构。机制并不是能够体验到的客体或事件，它是一种倾向。[⑤] 事物的发生必然由某种或某些机制引起，但是某种或某些机制的触发并不一定导致事物的发生，因为除了少数系统外，绝大部分自然和社会系统都是开放系统，里面存在着无数机制，这些机制有可能相互促成，也有可能相互抵消。

科学实在论者认为因果机制的研究要优于实证主义的因果关系研究，“休谟对于因果关系的考察只停留在事物的认知层面，缺乏一种存在论层

---

① 迈克尔·曼（Michael Mann）甚至认为连“系统”研究都是故步自封，因为这一概念认为人类社会存在一个有边界的终极形式，这严重低估了人类社会的复杂性。参见 Michael Mann, *The Sources of Social Power*, pp. 1 – 32。

② 罗伯特·杰维斯的系统研究虽然存在“反馈机制”为系统变迁提供了一定动力，但毕竟没有明确提出要将时间维度纳入系统研究，更没有细致研究系统变迁的具体机制。

③ 郝诗楠、唐世平：《社会科学研究中的时间：时序与时机》，《经济社会体制比较》2014 年第 2 期，第 194 页。

④ 亚历山大·温特：《国际政治的社会理论》，秦亚青译，上海人民出版社，2008，第 180 页。

⑤ 任晓明、赵华：《批判实在论的因果机制思想探析》，《自然辩证法研究》2009 年第 9 期，第 42 页。

面的整合，本身是无根基的”。[①] 唐世平将进化论的核心机制“变异—选择—遗传”引入国际政治研究，并发展出自成体系的社会进化论，用社会进化机制来整合国际政治领域的既有理论，在确保简洁优美的同时整合了大量的事实证据与理论思想，显示出机制研究的优势与发展潜力。

正是有了在上述本体论和认识论上的突破，唐世平的《国际政治的社会进化论》成了亚历山大·温特（Alexander Wendt）之后少有的国际关系理论创新之一。在国际关系理论创造乏力的大背景下[②]，该理论创新带给国际关系学者不少启发。第一，要注重本体论研究。唐世平对科学实在论的研究赋予了其理论创新以本体论深度，这与以往国际关系领域重要的理论突破是一脉相承的。无论是现实主义、新现实主义、新自由主义，还是建构主义，都是在本体论上取得了进展。

在国际关系学界，很长一段时间内对方法论的争论取代了对本体论的探讨，有学者表示：“我过去、现在仍然为学科主流理论中本体论、认识论和伦理自觉的缺失及其带来的后果感到震惊，在理论中方法论和意识形态占据了主导地位。”[③] 方法论的提高对学术发展来说固然重要，但如果没有本体论的支持，学术研究将落入机械的模型演练和格式推导之中。方法论之争产生了方法论唯一主义和至上主义，导致争论者各执一端。其实，社会系统的复杂多样决定了方法的多元。保罗·费耶阿本德（Paul

① 任晓明、赵华：《批判实在论的因果机制思想探析》，《自然辩证法研究》2009 年第 9 期，第 42 页。也有学者对科学实在论的机制研究进行了批判。参见 Walters and Young, “Critical Realism as a Basis for Economic Methodology: a Critique,” *Review of Political Economy*, Vol. 13, No. 4, 2001, pp. 483 – 501。社会学对机制研究探讨的比较多，参见 Peter Hedström and Richard Swedberg, “Social Mechanism,” *Acta Sociologica*, Vol. 39, No. 3, 1996, pp. 281 – 308; Peter Hedström and Richard Swedberg, *Social Mechanisms: an Analytical Approach to Social Theory* (Cambridge: Cambridge University Press, 1998); Neil Gross, “A Pragmatist Theory of Social Mechanism,” *American Sociological Review*, Vol. 74, No. 3, 2009, pp. 358 – 379; Charles Tilly, “Mechanisms in Political Processes,” *Annual Review of Political Science*, Vol. 4, 2001, pp. 21 – 41。寻找机制的方法可参见唐世平《如何发现机制》，该文载于其新浪博客，参见网址：http://blog.sina.com.cn/s/blog_744a734901015x1r.html。

② 在与笔者的一次谈话中，罗伯特·杰维斯表示他和米尔斯海默等人都认为现在已经到了重新把国际关系理论找回来的时候。

③ Hartmut Behr, *A History of International Political Theory: Ontological of the International* (Hampshire: Palgrave Macmillan, 2010), p. ix.

Feyerabend）认为，并不是所有的科学发现都会遵循相同的方式。某个科学理论试图为所有科学活动设立统一的标准和结构，并求助于“理性”或“合理性”来证明自己的正当性，这无疑是故步自封。量化在这里成功了，但在分析另一问题时却有可能失败。因此费耶阿本德倡导方法论多元主义。①

科学哲学和思想史可以为本体论创新提供思路。科学哲学直接与本体论、认识论和方法论相关，其重要性不言而喻。中国国际关系学者对库恩（Thomas Samuel Kuhn）和拉卡托斯（Imre Lakatos）等学者比较熟悉，但是对整个科学哲学史及其新近的发展比较陌生。②唐世平通过借鉴科学实在论对本体论的讨论实现了创新，将视角转向了发现国际政治变迁的核心机制。思想史的重要意义从肯尼思·华尔兹（Kenneth N. Waltz）的理论创造中可见一斑。华尔兹认为理论创新既不是源于归纳，也不是来自演绎，而是来自于一闪念的创造，③这个一闪念就来自于思想的积累，如果没有在《人、国家与战争》中对卢梭等思想家的“结构”思想的挖掘，华尔兹也不会写就《国际政治理论》。

第二，国际关系理论突破还必须依靠跨专业研究。国际关系学一直在强调自己的独立性，用以凸显和增强自身的学科地位。这对推动国际关系的发展功不可没。但是，国际关系学科在面临着创新乏力的情况下，应该反思自身独立的限度。在大的人文和社会科学背景下，国际关系学与哲学、历史学、社会学、心理学、环境学、经济学和语言学等联系紧密。在政治学主学科内，国际关系作为分支学科与政治理论、比较政治、公共政策更是密不可分。

有学者甚至提出需要以国际研究（International Studies）代替国际关系（International Relations）。④以战争研究为例，战争研究一直是多学科、

---

① Paul Feyerabend, "Introduction to the Chinese Edition," in *Against Method* (London and New York: Verso, 2010).

② 舒炜光编《当代西方科学哲学述评》，北京，中国人民大学出版社，2007。

③ 肯尼思·华尔兹：《国际政治理论》，上海人民出版社，2008，第10页。

④ Pami Aalto, Vilho Harle and Sami Moisio, *International Studies: Interdisciplinary Approaches* (Hampshire: Palgrave Macmillan, 2011).

跨学科的研究内容，只有到了建立国际关系专业的“学科转向”时才成为国际关系学者的专业研究内容。专业化是必要的，也是有益的，它促进了知识的增加和研究的精细化。但是专业化是以狭隘的学科视野为代价的，研究战争的学生往往成为自己学科的囚徒，他们只了解战争某一方面的特征，却忽略了更广阔的图景。国际关系研究者对战争的研究集中在战争的原因、国际权力分配、领袖的（错误）知觉、国内政治体制和经济联系等相关问题上。① 这些问题虽然很重要，但是学者们却忽略了其他至关重要的问题，如战争的内在动能、战争对于参与者的意义等等。唐世平的理论创新根植于他对生物学领域知识的深刻把握，没有对进化论的创造发挥，《国际政治的社会进化》也就成了无本之木、无源之水。

在国际关系研究领域，社会进化论还有进一步发展的潜力。首先，唐世平提出的是系统理论，因此对微观层次关注较少。学者可以进一步深化社会进化论在不同分析层次和具体领域的运用，虽然已有学者在这方面进行了努力，但仍然有很大的理论生长空间。在研究具体问题时，还需要挖掘进化论的补充机制。达尔文自己也承自然选择理论对具体现象无法提供充分解释。比如说，有的鸟羽毛是彩色的，而有的则是灰色的。鲜艳的羽毛可以用性选择（吸引异性）这一特殊机制解释，而伪装和躲避天敌则可以解释暗淡的羽毛。但是这两个机制之间是相互排斥的，都不具有普遍性。因此，进化论的“变异—选择—遗传”机制并不是像牛顿和爱因斯坦的理论那样论证充足，它是类似于拱顶石的理论框架，特殊的假定和辅助理论对进化论而言是必要的。②

其次，“达尔文主义综合”（Evolutionary Synthesis）。进化论提出后，生物学领域出现了很多分支，如实验主义、理论建模、野外博物学、古生物学等。每一个分支都有自己理论话语体系且往往相互冲突。20 世纪三

---

① Jack S. Levy, “*War and Peace*,” in W. Carlsnaes, T. Risse and B. A. Simmons eds, *Handbook of International Relations* (London: Sage, 2002).

② Geoffery M. Hodgeon and Thorbjorn Knudsen, *Darwin's Conjecture: The Search for General Principles of Social and Economic Evolution*, pp. 4 – 5.

四十年代，生物学家对这些分支进行了整合。在综合过程中进化生物学成为真正统一和产生巨大影响的学科。社会进化论发展到一定程度之后也可以进行“达尔文主义综合”，建立新的学科。[①]

目前在国际关系领域已经出现了一些利用进化论研究具体问题的成果，如罗伯特·阿克塞尔罗德（Robert Axelrod）对“合作”的研究、[②]莫瑟（Jonathan Mercer）对“身份与战争”的研究[③]、洛佩兹（Anthony C. Lopez）等学者对“认知与决策”的考察[④]、国际体系等起源发展等等，这为进一步深化研究和进化论综合提供了一定的基础。除了学科内部综合外，国际关系中的进化论还可以纳入其他学科的进化论研究成果。

20世纪70年代，爱德华·威尔逊（Edward Wilson）的《社会生物学：新的综合》和《论人类本质》两部书的出版，标志着社会生物学的兴起。威尔逊试图用生物学术语来解释所有的社会现象。[⑤] 在经济学领域，进化论的运用比较广泛，出现了演化经济学（Evolutionary Economics）、演化博弈论（Evolutionary Game Theory）分支。[⑥] 大卫·巴

---

① Alex Mesoudi, *Cultural Evolution: How Darwinian Theory Can Explain Human Culture and Synthesize the Social Sciences* (Chicago and London: University of Chicago Press, 2011), pp. 205 – 220.

② 罗伯特·阿克塞尔罗德：《合作的进化》，吴坚忠译，上海人民出版社，2007；Robert Axelrod and Robert O. Keohane, "Achieving Cooperation Under Anarchy: Strategies and Institutions," *World Politics*, Vol. 38, No. 1, 1985, pp. 226 – 254。

③ Jonathan Mercer, "Anarchy and Identity," *International Organization*, Vol. 49, No. 2, 1995, pp. 229 – 252.

④ Anthony C. Lopez, Rose McDermott and Michael Bang Peterson, "States in Mind: Evolution, Coalitional Psychology and International Politics," *International Security*, Vol. 36, No. 2, 2011, pp. 48 – 83; Mark Van Vugt, "Cognitive and Social Adaptations for Leadership and Followership: Evolutionary Game Theory and Group Dynamics," in Joseph P. Forgas, et al., *Evolution and the Social Mind: Evolution Psychology and Social Cognition* (East Sussex: Psychology Press, 2007).

⑤ Edward Wilson, *Sociobiology: The New Synthesis* (Cambridge, MA: Harvard University Press, 1975); Edward Wilson, *On Human Nature* (Cambridge, MA: Harvard University Press, 1978).

⑥ Richard R. Nelson and Sidney G. Winter, *An Evolutionary Theory of Economic Change* (Cambridge, MA: Harvard University Press, 1982); Richard R. Nelson, "Evolutionary Theorising in Economics," in Michael Wheeler et al., *The Evolution of Culture Entities* (Oxford: Oxford University Press, 2002); John Laurent ed., Darwinism and Evolutionary Economics (Northampton: Edward Elgar, 2001)；库尔特·多普菲编《演化经济学：纲领与范围》，贾根良等译，北京，高等教育出版社，2004；乔根·W. 威布尔：《演化博弈论》，王永钦译，上海人民出版社，2006。

斯（David Buss）的《进化心理学》是进化论在心理学中运用的代表作，他用进化论来解释择偶策略、亲属关系、合作联盟和两性冲突等一些心理学中的核心问题。[①] 在文化研究中，进化论在微观和宏观领域都有运用，前者关注个人的文化特征，[②] 后者注重群体或社会的文化变迁和延续。[③] 在政治学的思想论辩中，进化论也卷入其中。激进主义用达尔文来反对传统。保守主义则在人性、合作等关键议题上认同进化论思想，因此诞生了达尔文保守主义。[④] 古典自由主义学者则指出达尔文主义根本无法维持客观的道德标准，更危险的是在达尔文的理论范畴里个体缺乏独一无二的深层次意义和价值，所以具有颠覆人的自然权利的危险倾向。[⑤]

在《国际政治的社会进化》一书中，唐世平对社会科学里既有的进化论研究成果关注较少，这使他忽略许多已有的洞见，例如，达尔文保守主义和古典自由主义之间的争论可以为他克服相对主义提供一些启示。

六　结论

《国际政治的社会进化》一书气势宏大，具有为国际政治学科（乃至整个社会科学）奠立新的系统范式的雄心。本文从分析唐世平对科学实在论和社会科学基础范式的研究入手，突出该书的本体论、认识论基础以及理论建构的完整逻辑。在本体论上，唐世平倡导通过系统研究来克服结

① D. M. 巴斯：《进化心理学》，熊哲宏等译，上海，华东师范大学出版社，2006。

② Luigi Luca Cavalli-Sforza and Marcus W. Feldman, *Cultural Transmission and Evolution* (Princeton University Press, 1981); Robert Boyd and Peter J. Richerson, *Culture and the Evolutionary Process* (Chicago: University of Chicago Press, 1985).

③ Michael J. O'Brien and R. Lee Lyman, *Cladistics and Archaeology* (Salt Lake City: University of Utah Press, 2003); Peter Turchin, *Historical Dynamics: Why States Rise and Fall* (Princeton: Princeton University Press, 2003).

④ Kenneth C. Blanchard, *Darwinian Conservatism: A Disputed Question* (Exeter: Imprint Academic 2005); Francis Fukuyama: *America at the Crossroad: Democracy, Power, and the Neoconservative Legacy* (New Haven: Yale University Press, 2007).

⑤ Stephen Dilley ed., *Darwinian Evolution and Classical Liberalism: Theories in Tension* (Plymouth: Lexington Books, 2013).

构论的简单化倾向。同时他将时间维度赋予系统研究，将开放的时间观引入国际政治研究。在认识论上，科学实在论认为世界究其本质是由机制构成的，因此可以以机制为切入点来分析不断变化的人类社会系统。唐世平认为能够应对系统之复杂和变化的最根本的机制是进化论的变异、选择和遗传。围绕这一机制，在协调处理物质维度和精神维度的基础上，搭建了社会进化论，在他看来，这一范式有效地综合了社会科学研究中的九个基础性范式和系统范式。

唐世平将战争确定为划分进攻性现实主义世界和防御性现实主义世界的根本指标。他严重高估了战争在人类历史中的作用，而忽略了经济、文化和政治等其他维度。本文认为权力概念比战争概念更能凸显人类社会的核心动能。唐世平的分析还导致了认知相对主义和道德相对主义，这是社会进化论应该解决的问题。在处理空间问题时，他忽略了次系统的多样性，而这是进化的必然结果。在时间观上，唐世平的开放时间观只体现在未来时，这导致他持有不可逆转的历史观。本文认为必须打破时间观的二元对立，过去、现在和未来是能够相互影响的。

学者可以从两方面促进社会进化论在国际政治领域的进一步发展：一方面用进化论研究具体的问题领域，并发现进化论的补充机制；另一方面在合适的时机进行“达尔文主义综合”，在学科内设计统一研究框架，整合进化论的具体研究成果。同时还可以借鉴和整合进化社会学、演化经济学、演化博弈论、进化心理学以及达尔文保守主义等较成熟的研究成果。

注释体例

一　中文著作注释要求

（一）首次引用

引用的资料第一次出现在注释中时，一般中文著作的标注次序是：著者姓名（多名著者间用顿号隔开，编者姓名应附“编”字）、文献名、卷册序号、出版地、出版单位、出版时间、页码。

1. 专著

吴冷西：《十年论战：1956—1966 中苏关系回忆录》（上），北京，中央文献出版社，1999，第 13 页。

梁守德、洪银娴：《国际政治学概论》，北京，中央编译出版社，1994，第 36 页。

阎学通等：《中国崛起：国际环境评估》，天津人民出版社，1998，第 168 页。[作者三人以上，可略写为××（第一作者）等；出版社名称已包含地名的，不必重复注出。]

2. 编著

倪世雄主编《冲突与合作：现代西方国际关系理论评介》，成都，四川人民出版社，1988，第 71 页。

威廉·沃尔福思：《单极世界中的美国战略》，载约翰·伊肯伯尔主编《美国无敌：均势的未来》，韩召颖译，北京大学出版社，2005，第 99—117 页。

《什特科夫关于金日成提出向南方发动进攻问题致维辛斯基电》（1950 年 1 月 19 日），沈志华主编《朝鲜战争：俄国档案馆的解密文件》第 1 卷，台北，中研院近代史研究所史料丛刊（48），第 305 页。

3. 译著

孔飞力:《叫魂》，陈兼、刘昶译，上海三联书店，1999，第207页。（译者姓名在著者名后。）

4. 期刊杂志（期刊指月刊、双月刊、季刊、年刊等，杂志指周刊或半月刊）

吴承明:《论二元经济》，《历史研究》1994年第2期，第98页。

李济:《创办史语所与支持安阳考古工作的贡献》，《传记文学》（台北）第28卷第1期，1976年1月。

阎学通:《中国面临的国际安全环境》，《世界知识》2000年第3期，第9页。

5. 报纸

符福渊、周德武:《安理会通过科索沃问题决议》，《人民日报》1999年6月11日，第1版。（此例适合署名文章。）

《朝韩首脑会晤程序大多达成协议》，《中国青年报》2000年5月12日，第6版。（此例适合不署名文章或报道。）

6. 通讯社消息

《和平、繁荣与民主》，美新署华盛顿1994年2月24日英文电。（写明电文题目、通讯社名称、发电地、发电日期和发电文种。）

7. 政府出版物

中华人民共和国外交部研究室:《中国外交：1998年版》，北京，世界知识出版社，1998，第768页。

《关于国际形势的讲话提纲》（1959年12月），《建国以来毛泽东文稿》第8卷（1959年），北京，中央文献出版社，1996，第599—603页。

8. 会议论文

任东来:《对国际体制和国际制度的理解和翻译》，提交给“全球化与亚太区域化国际研讨会”的论文，天津，南开大学，2000年6月5—16日，第2页。

9. 学位论文

孙学峰:《中国国际关系理论研究方法20年：1979—1999》，中国现代国际关系研究所硕士学位论文，2000 年 1 月，第 39 页。

10. 未刊手稿、函电等

“蒋介石日记”，毛思诚分类摘抄本，中国第二历史档案馆藏。

陈云致王明信，1937 年 5 月 16 日，缩微胶卷，莫斯科俄罗斯当代文献保管与研究中心藏，495/74/290。（标明作者、文献标题、文献性质、收藏地点和收藏者，收藏编号。）

（二）再次引用

再次引用同一资料来源的资料时，只需注出作者姓名、著作名（副标题可省略）和资料所在页码。

吴冷西：《十年论战：1956—1966 中苏关系回忆录》（上），第 13 页。

（三）转引

按上述要求将原始资料出处注出，用句号结束。用“转引自”表明转引，再把载有转引资料的资料出处注出。

胡乔木：《胡乔木回忆毛泽东》，北京，人民出版社，1992，第 88—89 页。转引自杨玉圣《中国人的美国观：一个历史的考察》，上海，复旦大学出版社，1996，第 183 页。

二　英文注释要求

（一）首次引用

同中文著作注释一样，引用的英文资料第一次出现在注释中时，需将资料所在文献的作者姓名、文献名、出版地、出版者、出版时间及资料所在页码一并注出。

1. 专著

Kenneth N. Waltz, *Theory of International Politics* (New York: McGraw-Hill

Publishing Company, 1979), p. 81.（作者姓名按通常顺序排列，即名在前，姓在后；姓名后用逗号与书名隔开；书名使用斜体字，手稿中用下划线标出；括号内的冒号前为出版地，后面是出版者和出版时间，如果出版城市不是主要城市，要用邮政中使用的两个字母简称标明出版地所在地，例如 CA；单页用 p. 表示。）

Hans J. Morgenthau, *Politics Among Nations: The Struggle for Power and Peace* (New York: Alfred A. Knopf Inc., 1985), 6th ed., pp. 389 - 392.（主标题与副标题之间用冒号相隔；多页用 pp. 表示。）

Robert Keohane and Joseph Nye, *Power and Interdependence: World Politics in Transition* (Boston, MA: Little Brown Company, 1977), pp. 45 - 46.（作者为两人，姓名之间用 and 连接；如果为两人以上，写出第一作者，后面加 et al.，意思是 and others。）

Ole R. Holsti, "The 'Operational Code' as an approach to the analysis of belief systems," final report to the National Science Foundation, 1977, grant No. SCO 75 - 14368.

2. 编著

David Baldwin ed., *Neorealism and Neoliberalism: The Contemporary Debate* (New York: Columbia University Press, 1993), p. 106.

Klause Knorr and James N. Rosenau, eds., *Contending Approaches to International Politics* (Princeton, NJ: Princeton University Press, 1969), pp. 225 - 227.（如编者为多人，须将 ed. 写成 eds.。）

3. 译著

Homer, *The Odyssey*, trans. Robert Fagles (New York: Viking, 1996), p. 22.

4. 文集

Robert Levaold, "Soviet Learning in the 1980s," in George W. Breslauer and Philip E. Tetlock, eds., *Learning in US and Soviet Foreign Policy* (Boulder, CO: Westview Press, 1991), p. 27.（文章名用双引号引上，不用斜体。）

5. 期刊杂志

Stephen Van Evera, "Primed for Peace: Europe after the Cold War,"

International Security, Vol. 15, No. 3, 1990/1991.（期刊名用斜体，15 表示卷号。）

Ivan T. Boskov, "Russian Foreign Policy Motivations," *MEMO*, No. 4, 1993, p. 27.（此例适用于没有卷号的期刊。）

Nayan Chanda, "Fear of Dragon," *Far Eastern Economics Review*, April 13, 1995, pp. 24 -28.

6. 报纸

Clayton Jones, "Japanese Link Increased Acid Rain to Distant Coal Plants in China," *The Christian Science Monitor*, November 6, 1992, p. 4.（报纸名用斜体；此处 p. 4 指第 4 版。）

Rick Atkinson and Gary Lee, "Soviet Army Coming apart at the Seams," *Washington Post*, November 18, 1990, pp. A1, A28 -29.

7. 通讯社消息

"Beijing Media Urge to Keep Taiwan by Force," Xinhua, July 19, 1995.

8. 政府出版物

Central Intelligence Agency, Directorate of Intelligence, *Handbook of Economic Statistics*, 1988 (Washington, D. C.: US Government Printing Office, 1988), p. 74.

"Memorandum from the President's Special Assistant (Rostow) to President Johnson," November 30, 1966, *FRUS*, 1964 - 1968, Vol. Ⅱ, Vietnam 1966, document No. 319.

9. 国际组织出版物

报告：*United Nation Register of Conventional Arms*, *Report of the Secretary General*, UN General Assembly Document A/48/344, October 11, 1993. [文件的注释应包括三项内容：报告题目、文件编号（包括发布机构）、发布日期；题目用斜体。]

决议：UN Security Council Resolution 687, April 3, 1991.（决议的注释应当包括两项内容：发布机构和决议号、生效日期。）

10. 会议论文

Albina Tretyakava, "Fuel and Energy in the CIS," paper delivered to Ecology

'90 conference, sponsored by the America Enterprise Institute for Public Policy Research, Airlie House, Virginia, April 19 – 22, 1990.

11. 学位论文

Steven Flank, *Reconstructing Rockets: The Politics of Developing Military Technologies in Brazil, Indian and Israel*, Ph. D. dissertation, MIT, 1993.

12. 互联网资料

Astrid Forland, "Norway's Nuclear Odyssey," *The Nonproliferation Review*, Vol. 4 (Winter 1997), http://cns. miis. edu/npr/forland. htm.（对于只在网上发布的资料，如果可能的话，也要把作者和题目注出来，并注明发布的日期或最后修改的日期。提供的网址要完整，而且在一段时间内能够保持稳定；内容经常变化的网址，比如报纸的网络版，就不必注明了。）

（二）再次引用

再次引用同一资料来源的英文资料时，可以只注出作者姓、著作简短题目和资料所在页码。

Waltz, *Theories of International Politics*, p. 81.（此例适用于著作。）

Nye, "Nuclear Learning," p. 4.（此例适用于编著中的章节和期刊杂志中的文章。）

Jones, "Japanese Link," p. 4.（此例适用于报纸署名或未署名文章。）

决议只需提供文件号。

（三）转引

F. G. Bailey ed., *Gifts and Poisons: The Politics of Reputation* (Oxford: Basil Blackwell, 1971), p. 4, quote from Paul Ian Midford, *Making the Best of A Bad Reputation: Japanese and Russian Grand Strategies in East Asia*, Dissertation, UMI, No. 9998195, 2001, p. 14.

图书在版编目(CIP)数据

国际政治科学．2015年．第2期/阎学通主编．—北京：社会科学文献出版社，2015.4
ISBN 978-7-5097-7399-4

Ⅰ.①国… Ⅱ.①阎… Ⅲ.①国际政治-丛刊 Ⅳ.①D5-55

中国版本图书馆CIP数据核字（2015）第082479号

国际政治科学（2015年第2期）

主　　编／阎学通

出 版 人／谢寿光
项目统筹／祝得彬
责任编辑／王丽影　王晓卿

出　　版／社会科学文献出版社·全球与地区问题出版中心（010）59367004
地址：北京市北三环中路甲29号院华龙大厦　邮编：100029
网址：www.ssap.com.cn
发　　行／市场营销中心（010）59367081　59367090
读者服务中心（010）59367028
印　　装／北京季蜂印刷有限公司

规　　格／开 本：787mm×1092mm　1/16
印 张：10.25　字 数：152千字
版　　次／2015年4月第1版　2015年4月第1次印刷
书　　号／ISBN 978-7-5097-7399-4
定　　价／29.00元

期刊订阅单

《国际政治科学》致力于推进国际关系的科学研究，主要刊登国际安全、对外政策、国际关系理论、国际政治经济、外交学领域的论文，尤其重视与中国对外政策和东亚国际关系的相关的研究成果。

《国际政治科学》倡导理论流派和研究方法的多样性，包括问题提出、文献回顾、逻辑推论和经验检验等研究程序完整的学术论文，同时适当刊出学术性较强的评论文章和书评。

2015 年《国际政治科学》国内零售价每期 29 元，全年 4 期（季刊）；年价 116 元。

订阅方式：

1. 电话订阅：010－62798183/ 62798083
2. 邮件订阅：wpfs@ tsinghua. edu. cn
3. 回执订阅：填妥以下回执并以挂号信或传真的方式发回我院。
4. 汇款方式：邮局汇款

   地　　址：清华大学明斋 304 室　　　　邮　　编：100084

   收　　款：清华大学当代国际关系研究院

   附　　言：订购《国际政治科学》
5. 办理汇款后请将汇款凭证邮寄或传真给我院（传真号码：010－62773173）。

订户单位			
收刊地址			
订户姓名		职务：	邮政编码：
电子邮件		电话：	传真：
订阅起止	年　月至　年　月	订阅份数：　　本	
付款方式	□邮局	需开收据：□是　□否	
合计金额(大写)：万　千　百　十　元		合计金额(小写)：	
备注：			